KURT WYSS – BEGEGNUNGEN

Museum Tinguely (Hg.) Christoph Merian Verlag

KURT WYSS – BEGEGNUNGEN

Impressum

Dieses Buch erscheint anlässlich der Ausstellung
‹Kurt Wyss – Begegnungen› im Museum Tinguely, Basel
vom 13. Februar 2007 bis zum 29. April 2007

Bibliografische Information der Deutschen Bibliothek:
Die Deutsche Bibliothek verzeichnet diese Publikation in der
Deutschen Nationalbibliografie; detaillierte bibliografische
Daten sind im Internet über http://dnb.ddb.de abrufbar.

ISBN 978-3-85616-316-7

© 2007 Christoph Merian Verlag
© 2007 Abbildungen: Kurt Wyss

Alle Rechte vorbehalten; kein Teil dieses Werkes
darf in irgendeiner Form ohne vorherige schriftliche
Genehmigung des Verlags reproduziert oder unter
Verwendung elektronischer Systeme verarbeitet,
vervielfältigt oder verbreitet werden.

Jean Dubuffet schrieb den Text ‹Le merveilleux
photographe Kurt Wyss› am 22. Februar 1974 für die
Fotoausstellung ‹Coucou Bazar, Bal de l'Hourloupe› in
der Galerie der Schweizerischen Bankgesellschaft
(SBG/UBS) in Basel.

Lektorat: Doris Tranter, Basel
Gestaltung: Tobias Wyss, Basel
Lithos und Druck: Basler Druck + Verlag AG, bdv, Basel
Bindung: Grollimund AG, Reinach/BL

Schriften: Berkeley Old Style und Trade Gothic
Papier: Novatech satin 150 g/m²

www.merianverlag.ch

Inhaltsverzeichnis

6	Guido Magnaguagno, Andres Pardey Einleitung
8	Jean Dubuffet Kurt Wyss, ein wunderbarer Fotograf
9	Jean Dubuffet
27	Marc Tobey
37	Joseph Beuys
48	Reinhardt Stumm Wirklichkeit dingfest
51	Jean Tinguely
65	Pablo Picasso
74	Annemarie Monteil Die Kunst der Reportage an der Messe der Kunst
77	Bildende Künstler
103	Schriftsteller
131	Musiker
150	Hans-Peter Platz Eine Retrospektive zu Lebzeiten
153	Politiker / Royals
170	Georg Kreis Der Fotograf – ein besonderer Zeitzeuge
173	Eine Biografie in 54 Fotografien Ein Jahr, ein Bild …

Einleitung
Guido Magnaguagno und Andres Pardey

Wenn einer in Basel am Nadelberg wohnt, in einem spätgotischen Haus mit Blick über das Dächermeer der Altstadt, dann gilt er als Einheimischer. Wenn einer dazu zeitlebens Fotograf war und ist und während vielen Jahren für die jeweils führende Zeitung des Orts unterwegs war, dann kennt er die Gassen und Gesichter. Kurt Wyss gehört zu Basel wie der Rhein und das Spalentor – er war und ist eine Instanz. Und mehr als ein gewöhnlicher Fotograf – er gilt zu Recht als ein Chronist, ein Zeitzeuge, Schilderer von Ereignissen und Lebensumständen, Begebenheiten, Begegnungen, ist ein unersetzlicher Teil der Lokalgeschichte einer kleinen grossen Kultur- und Industriestadt in der zweiten Hälfte des 20. Jahrhunderts. Trotz engagierten Aufträgen, die ihn nach Biafra, Nicaragua oder zu den Schweizer Bergbauern führten, blieb er Basel in Treue, in Hassliebe auch (?), jedenfalls ausführlich verhaftet, ja zugeneigt. Wenn er in Zürich im Umkreis der Schweizerischen Stiftung für die Fotografie erschien oder im Kunsthaus, waren gegenseitig kritische Distanz, Vorsicht und Skepsis deutlich spürbar. Er konnte listig lächeln und schweigen und einsame Entscheidungen treffen, er war kein Fotojournalist ‹zum Einbetten›. Selbst in Basel liegt er nicht eben gut, jedenfalls bedeuten dieses Buch und die gleichnamige Ausstellung die beiden ersten monografischen Überblicke.

    Fotografen gelten häufig als vorschnelle, rücksichtslose, grossprecherische, im besten Fall unbekümmerte Zeitgenossen. Kurt Wyss verkörpert als Person das pure Gegenteil: Bescheidenheit, Understatement bis zur Selbstauflösung, Objektivität zeichnen ihn aus. Hinter dieser vordergründig so gentlemanliken Erscheinung verbirgt sich aber häufig ein ironischer, witziger, spielerischer Geist. Wenn Kurt Wyss leichtfüssig wird, und das gelingt ihm schnell im intellektuellen Pingpong in gehobener Stilklasse, kommt ein überlegener und zugleich feiner Humor zum Vorschein.

    Dann erkennt man auch die vielleicht verborgenen Qualitäten des Fotografen Wyss. Eine eigen- und einzigartige Souplesse, eine Ambivalenz von Wertschätzung und Nonchalance, eine bisweilen bizarre Originalität. Er verfügt nicht nur über ein ausbalanciertes und subtiles Beobachtungssensorium, was wohl für jeden guten Fotografen eine Voraussetzung bildet, nein mehr, seine Aufnahmen verraten einen Kontrollblick, der sich der Unfehlbarkeit nähert. Hat er je ein wirklich schlechtes Foto auf den Redaktionstisch gelegt, unter mehreren Tausenden? Kaum. Hat er je in einer Bildlegende einen Fehler verbrochen, der Unbestechliche? Nun hat er während seiner Arbeitsjahre an der legendären Basler ‹National-Zeitung› in Personalunion als Bildredakteur wie als Fotojournalist geamtet und somit als eine Art publizistisches Gewissen über die Bildinformation. Darauf war Verlass.

    Was aber hat den Chronisten eigentlich zu den Künstlern getrieben, und dazu in diesem Ausmass, mit dieser Verve und Passion? Bedeutete ihm dies sein anderes, von der ‹Zweckdienlichkeit› befreites Paradies, die Erfüllung? Es muss so sein, oder ähnlich. Wie sonst wäre es ihm so spielend gelungen, in die nächste Nähe von Picasso oder Beuys, Tobey, Warhol oder Tinguely zu gelangen, und dabei die selbstverständliche Ausbeute heim an den Nadelberg zu tragen? Dubuffets Lob ist absolut berechtigt: «Ein wunderbarer Fotograf». Wyss als wissender fotografierender Begleiter ist eine Idealbesetzung, unscheinbar auf seinem Beobachtungsposten, uneitel auf Eitelkeiten reagierend, gelassen, manchmal spöttisch, immer auf der Hut und gleichen Höhe. Dass man das Fotografieren auch schon das ‹Einfrieren eines Augenblicks› nannte, wird in seiner Bildsprache trotz aller, auch unverhohlener Sympathie einsichtig. Achtung ja – Empathie nie. So sind auch seine Künstlerporträts gestochen scharf ‹bis ins Mark›, die Distanzen stimmen, auch in übertragenem Sinn. Der Fotoapparat ist sein Instrument, er spielt ihn wie eine Klarinette, er nützt ihn als Florett.

Ob man Kurt Wyss mit seinen leisen Exzentritäten mag oder nicht, seine Fotos kann man durchaus lieben: Basler Blick, lokal aus Herkunft und Geschichte, welthaltig aus Erfahrung und Intelligenz. Beste europäische Mischung.

Wir danken den prominenten Autoren, die Kurt Wyss während Jahrzehnten kritisch und freundlich begleitet und aus Nahsicht (und mit Nachsicht?) Erfahrungen und Reflexionen beigesteuert haben, um eines eher unfassbaren Kollegen habhaft zu werden. Hans-Peter Platz, sein Chefredakteur bei der ‹Basler Zeitung›, Reinhardt Stumm, mit dem sein Tinguely-Buch und anderes entstand, Annemarie Monteil, die das Schweizer Kunst-Feuilleton prägt, Georg Kreis, der die historische Dimension der Fotografie als Dokument würdigt. Alle vier haben sie das (Kultur-)Leben in Basel zusammen mit Kurt Wyss wesentlich mitgestaltet.

Ebenso danken wir Beat von Wartburg und Claus Donau vom Christoph Merian Verlag für die Herausgabe des Buches und Tobias Wyss für die Gestaltung. Das Konzept der vorliegenden Publikation sowie die Ausstellung im Museum Tinguely wurden vom Trio Kurt und Tobias Wyss und Andres Pardey erarbeitet. Eine intensive Neusichtung des Archivs führte zum Thema der Begegnungen mit Zelebritäten und Unbekannten, die Kurt Wyss in über fünfzig Jahren vor die Fotolinse holte. Der Band gliedert sich in einen bunten Strauss von (Künstler-)Porträts und eine Chronologie als zeithistorischen Hintergrund.

Schlussendlich geht unser Dank an Kurt Wyss, der in jahrelanger Arbeit sein Archiv nicht nur durchstöbert, sondern für Publikation und Ausstellung wohl geordnet hat. Dass er sich erstmals auch als Kommentator seiner Fotos versucht hat, ist ein zusätzlicher Gewinn an Authentizität für das Buch. Wir wünschen Kurt Wyss weiterhin einen langen fotografischen Atem!

Kurt Wyss, ein wunderbarer Fotograf
Jean Dubuffet

Von den Einwohnern der Stadt Basel habe ich eine ganz bestimmte Meinung: nämlich dass sie ganz erstaunliche Menschen sind. Zwar soll man sich vor zu schnellen Verallgemeinerungen hüten, aber trotzdem muss ich sagen, dass alle Basler, die ich gekannt habe (und das waren nicht wenige), erstaunliche Menschen waren – und Kurt Wyss gehört auch dazu.

Was seine physische Erscheinung angeht, so würde ich ihn als schlank bezeichnen, als einen Menschen mit raschen Bewegungen und einem in hohem Masse Ehrlichkeit ausstrahlenden Gesichtsausdruck. Was diese Ausstrahlung angeht, so würde ich sagen, dass man sie – zumindest ausserhalb Basels – doch recht selten antrifft, und was die Ehrlichkeit und die Suche nach Wahrheit als Charaktereigenschaften bei Künstlern angeht, so würde ich im Gegensatz zu dem, was man hin und wieder hört, sagen, dass diese Eigenschaften absolut kennzeichnend für die gesamte Persönlichkeit sind. Wirkliche Kunstwerke können nur dort entstehen, wo das künstlerische Schaffen von Wahrheit durchdrungen ist. Und alle, die nicht von vornherein davon überzeugt sind, haben von wirklichem künstlerischem Schaffen nur eine geringe, und klar herausgesagt, falsche Vorstellung.

Was man an Kurt Wyss zuerst wahrnimmt, ist sein schlanker Körper, dessen Glieder sich raumumfassend zu verlängern und wie mit Suchern ausgerüstet scheinen, die er mit den Händen formt und knetet und dann ganz unvermittelt zum Auge führt. Bei anderen Fotografen beobachtet man bestimmte Handgriffe, die in einer bestimmten Reihenfolge ablaufen, Berechnung der Entfernung, Einschätzung der Lichtverhältnisse und Objektiveinstellung – nichts von alledem sieht man jedoch bei ihm.

Die Kamera und sein Auge verschmelzen zu einem Ganzen, zu einer einzigen Handlung, die sich nicht in einzelne Vorgänge gliedert. Ganz plötzlich klettert er auf einen gerade verfügbaren Gegenstand, stellt einen Tisch auf eine Kiste, einen Stuhl auf den Tisch, stützt sich mit dem Fuss am Fenster ab, und schon steht er da, den Hals nach vorn gestreckt, den Kopf nach unten gebeugt, das Auge am Sucher und drückt fünf, zehn, nein zwanzig Mal hintereinander auf den Auslöser, greift geschickt nach einer anderen Kamera, dreht sich wie ein Kreisel um die eigene Achse und hat schon wieder zwanzig Mal ausgelöst. Er springt auf die andere Seite und beginnt von Neuem. Der Beobachter kann nicht umhin, an die Kosten für das Filmmaterial zu denken, aber darüber macht sich Kurt Wyss scheinbar gar keine Sorgen. Er ist völlig in Trance, ist nicht mehr Fotograf, sondern ganz Bild, losgelöst von allen Ketten, auf der Jagd in freier Wildbahn.

Und was geschieht dann? Ganze Nächte, stelle ich mir vor, verbringt er mit dem Entwickeln der Filme, der Prüfung der Negative, der Herstellung verschiedenster Abzüge – ein Spiel mit Kontrasten – auf unterschiedlichem Papier. Eine gewaltige Arbeit, stelle ich mir vor, deren Ergebnis sich in einer ungeahnten Vielfalt verblüffender, bewundernswert genialer, aus unerwartetem Blickwinkel aufgenommener Fotos von erstaunlicher technischer Perfektion widerspiegelt, die er in Alben zusammenfasst. In diesen Alben verschmelzen einige flüchtige Augenblicke, denen niemand ausser ihm Beachtung geschenkt hätte, die er jedoch mit überraschender Schnelligkeit wahrzunehmen und einzufangen wusste, zu einem eindrucksvollen dramatisch wirklichkeitsnahen Gesamtbild.

Jean Dubuffet

Das erste Mal fotografierte ich Jean Dubuffet am 17. Juni 1970 in seiner Ausstellung in der Kunsthalle. Am Tag darauf sollte ich ihm um 14 Uhr im Hotel ‹Les Trois Rois› die Fotos zeigen. Ich schaffte es knapp zu dem Rendezvous, denn an jenem 18. Juni beschloss meine Tochter Sara, das Licht der Welt zu erblicken. Ganz begeistert erzählte ich Dubuffet von meinem neuen Vaterglück, und ein paar Tage später erhielt meine Gattin Barbara einen überaus liebenswürdigen handgeschriebenen Brief vom Künstler.

    Dubuffet hatte mir versprochen, mich auf dem Laufenden zu halten über sein Projekt ‹Villa Falbala› (das Modell war in der Kunsthalle ausgestellt). Der Baubeginn war dann bereits am 30. September des gleichen Jahres. In Périgny-sur-Yerres, etwa fünfzig Kilometer östlich von Paris, hatte sich Dubuffet ein grosses, leicht abfallendes Areal gekauft, auf dem er seine Villa Falbala bauen wollte. Damit der Boden die Struktur bekam, die seinem Modell entsprach, liess er ihn mit Bulldozern neu strukturieren. Er posierte für mich auf dem Bauplatz. Zwei Jahre später fotografierte ich ihn an etwa derselben Stelle. Während drei Tagen arbeitete ich in Dubuffets Welt: seinen Ateliers in Périgny und in Paris, in seinem Sekretariat und in der Fondation de l'Art Brut. Mit der Ausbeute war der Künstler so zufrieden, dass er mich schon im Dezember desselben Jahres wieder kommen liess. Das war der Anfang einer wunderbaren Zusammenarbeit, die erst mit dem Tod Dubuffets im Jahre 1984 endete.

    Am spannendsten war es mitzuverfolgen, wie Dubuffet den ‹Coucou Bazar, Bal de l'Hourloupe› konzipierte. In einer ehemaligen Munitionsfabrik, der Cartoucherie de Vincennes, entstanden zuerst bewegliche Wände, die zu einer riesigen Landschaft zusammengestellt wurden. Dann schuf Dubuffet für diese von ihm geschaffene Welt passende Lebewesen, die sich auf seltsame und ungewöhnliche Weise bewegten. Später kam noch eine akustische Begleitung von sehr fremdartigen Klängen dazu. Als Dubuffet das Werk zur Aufführung bringen wollte, erwies sich die Bühne der Pariser Oper als zu klein. Es wurde dann im Grand Palais speziell für ‹Coucou Bazar› eine adäquate Bühne gebaut.

Vorher – nachher: Jean Dubuffet auf seinem Bauplatz für die Villa Falbala in Périgny-sur-Yerres …

... im Oktober 1970, und an derselben Stelle im August 1973, als dieses Werk beinahe fertiggestellt war (unten)

Mit und ohne Brille, mit und ohne Zigarette, Jean Dubuffet, Oktober 1970 und Dezember 1970

Der Künstler inmitten von Zeichnungen für die ‹Théâtres de mémoire›, Juli 1976

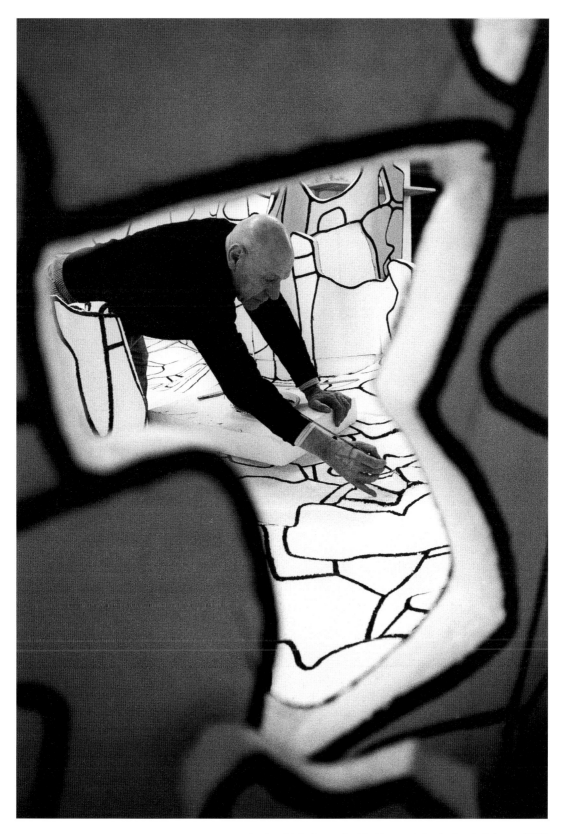

An (und in) einem Architekturmodell arbeitend, Februar 1974

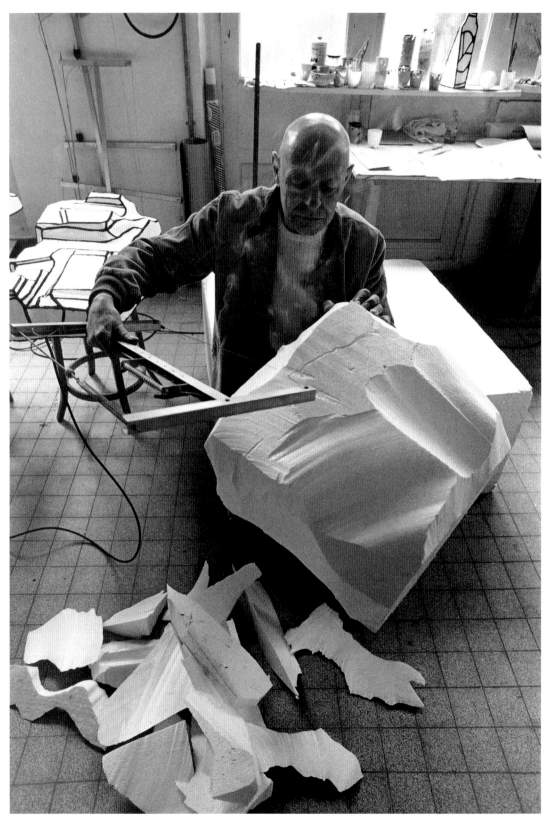

Moderner Bildhauer: Mit einem elektrischen Glühdraht wird ein Styroporblock geformt, Oktober 1970

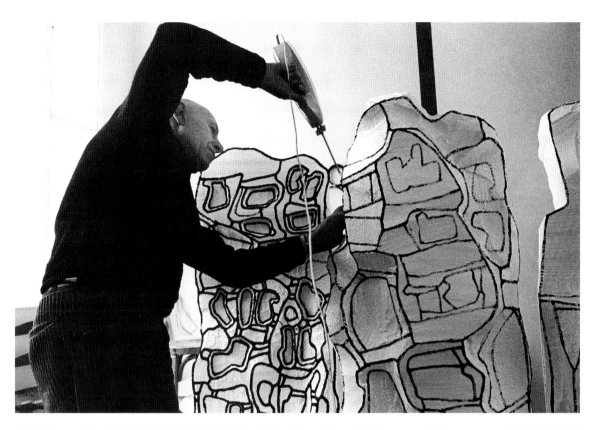

Weiterarbeit an den zu Skulpturen gewordenen Styroporblöcken, Dezember 1970

Hier entstehen Collagen aus ausgeschnittenen Papieren, Dezember 1970

Jean Dubuffet in seinem Atelier an der Rue de Vaugirard in Paris, November 1978

Testen im kleinen Modell, Masken anpassen und dann die erste 1:1-Probe von ‹Coucou Bazar› …

… in der Cartoucherie von Vincennes, Juli 1972

Die Aufführung von ‹Coucou Bazar, Bal de l'Hourloupe› im Grand Palais in Paris, November 1973

Marc Tobey

Der Zufall führte Mark Tobey und mich zusammen: Wir besuchten l970 am selben Tag zur selben Zeit die Galerie Beyeler und wurden einander von Ernst Beyeler vorgestellt. Der Künstler lud mich zu einem Besuch in seine Atelier-Wohnung an der St. Alban-Vorstadt ein. Auf diesen ersten Besuch folgten einige andere. Allmählich entstand eine Vertrautheit, die es mir ermöglichte, den Künstler beim Malen – das eher wie ein Meditieren wirkte – zu fotografieren. Als knapp 80-Jähriger demonstrierte er mir noch mit einer eleganten Tanzpose auf einem Bein seine Jugendlichkeit. Meine Fotos wurden dann im Katalog publiziert, den Beyeler aus Anlass des 80. Geburtstags des Künstlers herausgab. Auch nachher blieb ich mit dem grossen amerikanischen Künstler verbunden, der 1976 in Basel gestorben ist.

Mark Tobey: Malen ist schauen, abwägen, konzentrieren

Sämtliche Aufnahmen dieses Kapitels entstanden bei zwei Besuchen im November 1970

Malen als Meditation

Durchblick ...

... und Anblick

Bald 80-jährig und immer noch jugendlich beweglich

Joseph Beuys

Bevor ich mit einem Künstler Kontakt aufnehme, informiere ich mich in der Regel über die Person und das Werk. Bei Beuys war das anders. Als ich ihn im November 1969 beim Einrichten der Ausstellung ‹Joseph Beuys: Werke aus der Sammlung Karl Stöher› kennenlernte, wusste ich fast nichts über ihn. Die Objekte, die er in den Vitrinen zeigte, waren mir sehr fremd. Um besser zu verstehen, was da passierte, blieb ich stundenlang im Museum; irgendeinmal, hoffte ich, würde sich mir dieses eigenartige Werk erschliessen. Beuys akzeptierte meine Präsenz und nahm selbst mein Unverständnis mit einem gewissen Wohlwollen zur Kenntnis. «Sie werden schon dahinter kommen!», erklärte er mir. Heute erinnere ich mich gut an ein Objekt, das mich überzeugt hat: zwei aneinander geschweisste Schaufeln. Die Holzstiele ragten in die Luft, beide Werkzeuge waren unbrauchbar geworden. Für mich ganz klar eine Darstellung des Krieges.

      Anfang 1970 zeigte ich meine Fotografien von Beuys beim Einrichten eben dieser Ausstellung dem Chefredakteur der Monatszeitschrift ‹DU›, Manuel Gasser. Nachdem er die Bilder längere Zeit betrachtet hatte, gab er sie mir zurück mit der Erklärung: «Das kann ich nicht veröffentlichen, zu dieser Kunst finde ich keinen Zugang.»

      Beuys blieb lange unverstanden und umstritten. Seine vierstündige Celtic-Aktion in Basel am 5. Februar 1971 im Rohbau von Zivilschutzräumen unter der Autobahn wurde nicht von einem Museum, sondern von Erich Holliger vom Basler Theater organisiert. Was Beuys als «eine Messe für Atheisten» bezeichnete, war für mich ein faszinierendes Erlebnis, das ich in seiner vollen Lebendigkeit und Komplexität festzuhalten versuchte.

Joseph Beuys in seiner Ausstellung im Kunstmuseum Basel …

… beim Einrichten der ‹Eurasienstäbe›, November 1969

‹Joseph Beuys: Werke aus der Sammlung Karl Ströher› nannte sich die Ausstellung ...

… im Kunstmuseum Basel, die der Künstler hier einrichtet, November 1969

Joseph Beuys während der Aktion ‹Celtic +› …

… in den Zivilschutzlagerräumen unterhalb der Autobahn bei St. Jakob in Basel, Februar 1971

Szenen aus der Basler Celtic-Aktion: Nach einer Fusswaschung trägt Beuys das gebrauchte Wasser in einer …

… Schüssel weg und später sammelt er an einer Betonwand klebende Gelatinestücke zusammen. Februar 1971

Beuys bezeichnete seine Celtic-Aktion als ‹Messe für Atheisten›

Hier trägt der Künstler eine Wasserschüssel durch die Zuschauer, Februar 1971

Wirklichkeit dingfest
Reinhardt Stumm

Was ich immer bewunderte und immer noch bewundere, ist die Eselsgeduld, die gute Fotografen auszeichnet. Seit je vertraut mit der berühmten Forderung «Ehre dem Fotografen, denn er kann nichts dafür» des nie vergessenen Wilhelm Busch, durch die mehr als nur gelegentliche Zusammenarbeit mit Zeitungsfotografen auch nicht gerade zur Ehrfurcht diesem Beruf gegenüber erzogen, lernte ich bei Kurt Wyss zum ersten Mal so etwas wie Respekt vor ernsthafter Arbeit der Lichtbildner. Ich begann zu begreifen, dass hervorragendes Gerät hilfreich und – weiss der liebe Himmel – nicht zu verachten ist, dass es aber weitaus weniger darauf als auf einen ganzen Katalog von Eigenschaften des Fotografen ankommt, der dieses optische Arsenal benützt. «Une Gauloise, deux Gauloises, trois Gauloises», erklärte mir Brassaï vor ewigen Jahren, als ich ihn bei einem Gespräch neugierig fragte, wie er eigentlich seine nächtlichen Parisabenteuer ohne Belichtungsmesser bestanden hätte.

Ich muss nicht nachbeten, dass Fingerspitzengefühl, Eselsgeduld und scharfe Aufmerksamkeit ebenso zur Begabung des Fotografen gehören wie die Fähigkeit, im richtigen Augenblick traumhaft schnell zu reagieren. Dass das Erfassen dessen, was ist, dass der geschulte Blick, dass Gelassenheit, Dickfelligkeit und Geduld erworbene Voraussetzungen seiner Arbeit sind, die letzten Endes etwas so Grundsätzlichem wie der Wahrheitsfindung dienen.

Wer fotografiert heute nicht! Hat sich dadurch so etwas wie eine allgemein verbesserte Urteilsfähigkeit gebildet? Ich finde nicht. Im Gegenteil. Je geringer der Widerstand, umso grösser die Oberflächlichkeit.

Nun zog Kurt Wyss nicht wie Brassaï lange Nächte durch die Pariser Vorstädte, um hier den Güllewagen, dort den Prostituierten bei der Arbeit zuzusehen. Wenn Kurt Wyss eine besondere Neigung und eine spürbare Begabung hat, dann die als Porträtfotograf. Die ‹Marktbedingungen› bewirken dann freilich – und ich kann das nicht ganz falsch finden –, dass die Befriedigung der Neigungen allein nicht ausreicht, um davon zu leben. Und dann zeigt sich, dass man den Begriff Porträt auch noch sehr viel weiter fassen kann. Man kann, zum Beispiel, eine Stadt porträtieren, man kann die richtigen, die dramatischen, die aussagekräftigsten Augenblicke suchen und finden – und geniesst dazu noch den Vorzug, den Porträtierten – also zum Beispiel die Stadt – nicht auch noch von sich selbst überzeugen zu müssen.

Denn wer mag sich schon? Und ist dann nicht der Fotograf das Opfer? Dabei kann er wirklich nichts dafür! Je besser er ist, je näher er der Wahrheit kommt, umso schwieriger wird es für ihn. So verstanden hatte Wilhelm Busch doch recht mit seinem berühmten «Der Apparat macht's, und der Fotograf verkauft's! Drum Ehre dem Fotografen! Denn er kann nichts dafür.»*

Vergnüglich und erheiternd sind die Erinnerungen an die hartnäckigen Diskussionen über dieses oder jenes Bild bei unserer gemeinsamen Arbeit an jenem Buch mit Bildern aus Basel, das 1999 im Christoph Merian Verlag erschien. Das Atelier des Fotografen Kurt Wyss am Nadelberg – ein Museum! In langen Reihen an die Wände gepinnt die erste Auswahl seiner Vergrösserungen zum Erinnerungsbuch ‹Die Sechziger – Vergangenheit zum Anfassen›. Da kann man das fast Unbeschreibliche erleben, wie Bilder ins Bewusstsein stürzen, wie sie Vergessenes aufwühlen, wie jede

Antwort neue Fragen generiert. Vom Autobahnbau bis zur Demo gegen die Erhöhung der Tramtarife (wer ginge dafür oder dagegen heute noch auf die Strasse?). Frauen in der Arbeitswelt, Picasso in Geberlaune, der nachdenkliche und offenbar etwas unentschlossene Joseph Beuys vor einem Stapel Filzmatten. «Zwischen Behäbigkeit und babylonischer Verwirrung», fanden damals die Schaffhauser Nachrichten. Das hat mir gut gefallen, weil es zum Nachdenken über die Natur von Fotografien aufforderte, ohne die Antwort schon zu wissen.

Geronnene Zeit – und die Erinnerung an ein Aperçu des Fotografen Lewis Hine (der 1930/1931 den Bau des Empire State Building dokumentierte): «Wenn ich die Geschichte in Worten erzählen könnte, bräuchte ich keine Kamera herumzuschleppen.» Selbst ein Mitglied der schreibenden Zunft, zu der ich mich rechne, würde angesichts der in der Fläche ausgebreiteten Fülle von Informationen nur zaghaft gegen diesen Satz protestieren.

Kommt dazu, dass ja überhaupt erst in der Rückschau deutlich wird, was war. Nur ein altes Bild riecht nach Geschichte und nach Geschichten, als lüde es sich, in seiner Reifezeit irgendwo sicher verwahrt, erst langsam mit jener Energie auf, die eines Tages Breschen ins versteinerte Gedächtnis schlägt. Neue Bilder? Die riechen doch bestenfalls nach Chemikalien – auch bei Kurt Wyss, der die Arbeit in der Dunkelkammer bei aller digitalen Fotografiererei nie aufgegeben hat. Bilder entstehen auch bei ihm (behaupte ich kühn) überhaupt erst in der Dunkelkammer!

Wir haben doch recht oft zusammengearbeitet. Ich habe schnell gelernt, dass es ein grosses Missverständnis wäre, seine Sperrigkeit als Leidenschaftslosigkeit, seine Genauigkeit als Umständlichkeit zu bezeichnen. Ein Kurt Wyss lässt sich nicht hetzen. Ich fand die Mängelrüge einer Rezension sehr belustigend: «dass der Fotograf Kurt Wyss … die sechziger Jahre hinter sich brachte, ohne den FCB ein einziges Mal fotografiert zu haben.» Da kann ich nur lachen. Den FCB? Das haben andere zur Genüge getan. Dafür finden wir bei ihm manches, was andere nicht einmal gesehen, geschweige denn fotografiert hätten.

Als wir uns zum ersten Mal zu einer gemeinsamen Arbeit zusammenfanden – das war 1984/1985 –, waren wir beide keine heurigen Hasen mehr. Der Reinhardt Verlag wollte ein volkstümliches Buch über Tinguely. Volkstümlich – nun ja, unterstellt der Begriff nicht doch irgendwie, dass das Volk (Bert Brecht: Das Volk ist nicht ‹tümlich›) zu dumm ist, um ein nicht volkstümliches Buch zu lesen? Wir hatten kein Problem damit. Wir hatten es mit einem wundervollen Spieler, einem grossen Kind, einem heiteren Geschichtenerzähler, einem unermüdlichen Erfinder zu tun, dem man wirklich nur ein ganz kleines bisschen zuspielen musste, damit er vor Einfällen sprühte. Wir sassen uns bei ihm zuhause in Neyruz in der Küche an einem kleinen Tisch gegenüber, er zeichnete auf einem grossen bunten Blatt irgendwas vor sich hin, erzählte und erzählte, Kurt Wyss turnte unterdessen vorwärts und rückwärts und provozierte bei unserem Gastgeber so etwas wie eine entzückende Kinderbosheit – das zitiere ich mit Vergnügen aus jenem Buch:

«Kurt Wyss ist nicht so fröhlich. Kann er fotografieren? So viel er will. Er muss allerdings mit dem vorlieb nehmen, was er kriegt – posiert wird nicht! Und das Licht in dieser gemütlichen Küche ist nicht gerade wie in einem Fotoatelier. Kurt Wyss arbeitet also knurrend, während wir uns unterhalten … Das Gespräch ist sprunghaft, Tinguely ist lebhaft, wer in seinen Erinnerungshaushalt eindringt, darf sich nicht wundern, wenn er vom Keller in den Estrich und wieder zurückgeschleppt wird.»

Dann schiebt er mir das Blatt, an dem er die ganze Zeit gearbeitet hat, über den Tisch und fordert meine Unterschrift. Was soll ich unterschreiben? Dass ich mich verpflichte, niemandem den Standort des ‹Zyklopen› im Bois de Boulogne zu verraten, der damals noch geheim war. Ich hatte meinen Tinguely, Kurt die Aufnahmen.

Jenen Zyklopen, auch La Tête, auch Le Monstre genannt, haben wir später besucht. Und haben nichts verraten. Es war noch einmal eine wundervolle Reise, unser Cicerone durch jenes Riesen-Eisen-Bauwerk war Seppi; oben am Dachteich dachten wir an Yves Klein, dem er gewidmet ist, wir sammelten an Eindrücken und Bildern, was wir bekommen konnten, Eva Aeppli und Luginbühl und Niki de Saint Phalle und Daniel Spoerri und und und, und Kurt Wyss betete heimlich für das Wohlergehen seiner Bilder.

Und irgendwann beschleicht einen dann plötzlich die vergnügliche Gewissheit, dass dieser so ganz und gar erwachsene Fotograf Kurt Wyss in einer ganz geheimen Ecke seiner selbst auch noch ein richtiger kleiner Bub ist, der sein kostbares Spielzeug ans Herz drückt und hätschelt – er lebt davon, er lebt von Bildern, von seinen Bildern, alle sind sie etwas von ihm!

---

* Ehre dem Fotografen: «Was die Kritik von einem guten Kunstwerk verlangt, ist drin: Vergangenheit, Gegenwart und Zukunft. Bloss die ruhige Haltung fehlt. Wie kommt das nur? Der Mensch tut's, der Apparat macht's, und der Fotograf verkauft's! Drum Ehre dem Fotografen! Denn er kann nichts dafür.»

Jean Tinguely

Jean Tinguelys Skulpturen kannte ich, lange bevor ich den Künstler selber kennenlernte. ‹Heureka› an der Expo 64 in Lausanne schien mir ein überaus treffendes Symbol des bürokratischen Leerlaufs zu sein, wobei mir besonders die rotierende Mistgabel gefallen hat. Meine in der ‹National-Zeitung› publizierten Fotos der Heureka gefielen Felix Handschin, dem Galeristen von Tinguely, der mir fortan Einladungen zu seinen Tinguely-Ausstellungen sandte. In Paris sah ich 1966 ‹Eloge à la folie›, ein Ballett von Roland Petit mit dem Bühnenbild von Tinguely. Ich erinnere mich auch noch gut an die bei Handschin 1968 ausgestellte ‹Bascule›. An der ‹ART 1'70› zeigte Handschin Tinguelys Maschinen, die mit Wasser Formen schufen und so den Rosentalpark zur Sumpflandschaft werden liessen. Den Tinguely-Brunnen, geschaffen 1977, habe ich später oft fotografiert, besonders gern im Winter, wenn der Brunnen langsam einfriert und aus der Bewegung Bewegungslosigkeit entsteht.

Ein wirklich persönlicher Kontakt entstand 1984 während der Arbeit zu einem Buch für den Friedrich Reinhardt Verlag in Basel. Der Autor Reinhardt Stumm und ich erlebten das Entstehen einer Metaharmonie in der ehemaligen Giesserei der Von Roll in Olten und die enge Zusammenarbeit zwischen Tinguely und seinem Assistenten Sepp Imhof. In Neyruz im Kanton Fribourg, wo Tinguely damals meist zu Hause war, besuchten wir sein Atelier und staunten über das Formel-1-Rennauto in seinem Schlafzimmer. Natürlich waren wir dabei, als er Ehrenbürger der Stadt Fribourg wurde. Unter dem Siegel der Verschwiegenheit verriet uns der Künstler auch den Standort der Riesenskulptur ‹Kopf› im Wald von Fontainebleau, wo er und seine Künstlerfreunde über Jahre hinweg ihrer Fantasie freien Lauf gelassen hatten.

Mit dem Fertigstellen des Buches riss der gute Kontakt nicht ab. Über das Einrichten seiner Ausstellung in der Galerie Beyeler entstand ein grosser Bildbericht im Basler Magazin der ‹Basler Zeitung›. Zu einer Ausstellung reiste ich nach Fribourg und flog später nach Venedig zu seiner Superschau im Palazzo Grassi. Tinguelys Werke wirken auf mich auch heute noch frisch, frech und unverbraucht.

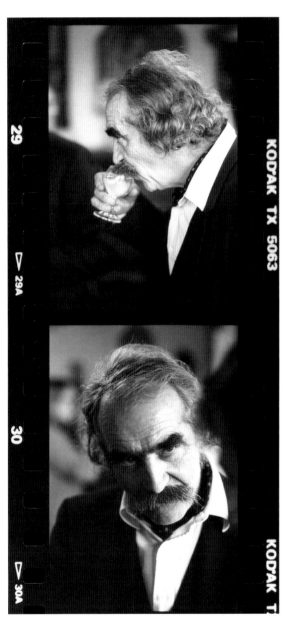

Jean Tinguely, aufmerksam, spitzbübisch, wach, kritisch, offen und souverän, Juni 1985

Testlauf von ‹Klamauk› an der Skulpturenausstellung im Wenkenpark in Riehen, Juli 1980

Diese mobile Maschinenplastik begeisterte vor allem die jüngsten Besucher, August 1980

Jean Tinguely zeichnet die Verpflichtung, den Standort der Riesenskulptur ‹Kopf› nicht zu verraten, Mai 1985

Die Atelierwerkstatt in Neyruz: Wo versteckt sich der Künstler? Mai 1985

Im Atelier von Neyruz dirigierte Tinguely sein neuestes Werk ‹Schneewittchen und die 7 Zwerge› ...

... und in der Küche hantierte er mit einem Schaumschläger, Mai 1985

So wurde in der ehemaligen Giesserei der Von Roll in Olten die ‹Méta-Harmonie IV› gebaut, Juni 1985

Den ersten Probelauf hat die ‹Méta-Harmonie IV› hinter sich, doch fertig ist sie noch längst nicht, Juli 1985

Pablo Picasso

Nachdem die Basler Stimmbürger am 18. Dezember 1967 den Ankauf von zwei Picasso-Gemälden gutgeheissen hatten, beschloss die Redaktionskonferenz der ‹National-Zeitung›, den Journalisten Bernhard Scherz und mich nach Mougins zu schicken, den Wohnort von Picasso. Wir sollten versuchen, vom Meister ein Interview zu der Basler Abstimmung zu erhalten. Bereits am Montagabend befanden wir uns vor dem Tor von ‹Notre-Dame de Vie› und überreichten dem Portier unsere Empfehlungsschreiben. Wir wurden gebeten, am nächsten Tag erneut vorbeizukommen. Der Bescheid war positiv. «Vous aurez une belle surprise», versprach uns Jacqueline Picasso, als sie uns einlud, am Nachmittag um 17 Uhr zu Picasso ins Atelier zu kommen.

Als wir um einiges zu früh eintrafen, wurden wir gleich ins Atelier geführt und trafen dort nicht etwa Picasso, sondern Franz Meyer, den Direktor des Basler Kunstmuseums. Er betrachtete intensiv die von Picasso bereitgestellten Bilder, von denen er eines für Basel auswählen durfte. Ich meinerseits setzte mich natürlich ebenfalls mit diesen Gemälden auseinander und wusste nach einer Viertelstunde sehr genau, welches der Bilder ich auswählen würde: ein Porträt der sitzenden Jacqueline mit einer Katze auf dem Schoss, ein Bild von grossartiger malerischer Kühnheit und zudem von einem Liebreiz, dem ich mich nicht zu entziehen vermochte.

Für Franz Meyer kam mein Favorit nicht in Betracht. Als sich später Picasso zu uns gesellte, befanden sich in Meyers engerer Auswahl noch zwei Bilder, die schliesslich beide als Geschenk Picassos «an die Basler Jugend, die sich so bravourös für meine Bilder eingesetzt hat» nach Basel kamen und seither im Kunstmuseum ausgestellt sind. Für Picasso waren Bernhard Scherz und ich die Vertreter der Basler Jugend, und als solche wurden wir beide denn von ihm herzlich umarmt.

Nach der Schenkung unterhielten wir uns in Picassos Wohnraum. Der 86-jährige Künstler war in Hochform. Jetzt kam ich zu weiteren, lebendigen und völlig ungestellten Aufnahmen. Die Fotografie von Picasso mit geschlossenen Augen hält den Moment fest, als er sich an eine Nacht im Hotel Drei Könige in Basel in den Dreissigerjahren zu erinnern versuchte. Ich mag dieses Bild besonders gern. Hier blickt der Künstler gleichsam nach innen, ist ganz in sich selbst versunken.

Im Licht seiner eigenen Fotolampen posierte Pablo Picasso, ...

… während Jacqueline Picasso im Hintergrund zuschaute. Alle Bilder vom 20. Dezember 1967

Picasso mit Gattin Jacqueline ...

... und Jacqueline als Gemälde. Dieses Bild hätte ich für Basel ausgewählt

Picasso stellt die Bilder ‹Vénus et l'amour› und ‹le couple› nebeneinander

Der Künstler im Gespräch mit Franz Meyer. Hinten Bernhard Scherz, die Unterhaltung notierend

Der 86-jährige Pablo Picasso in Hochform ...

... und sich an eine weit zurückliegende Gegebenheit erinnernd

Die Kunst der Reportage an der Messe der Kunst
Annemarie Monteil

Als 1970 in Basel die Kunstmesse gegründet und ihre erste Präsentation ‹ART 1'70› getauft wurde, hätte ihr niemand die gloriose Entwicklung zu prophezeien gewagt, die sie in den folgenden Jahren nahm. Nur ein Kreis von Kunstfreunden setzte Glaube und Hoffnung in die Zukunft. Zu diesem Kreis gehörte Kurt Wyss. Er beschränkte sich nicht auf freundlich unverbindlichen Optimismus, sondern baute an der Basis mit. Indem er das Wichtigste einer Kunstmesse – die Kunstwerke und die Besucherinnen und Besucher – in signifikanten Fotografien festhielt, entriss er das Ereignis dem Momentanen, gab ihm Dauer. In seinen Reportagen, die in Zeitungen und Zeitschriften erschienen, erfuhren auch jene Menschen, die nicht dabei gewesen waren, dass in Basel etwas Neuartiges stattfand. Dass Kunst aus den elitären Orten von Museum und Galerie in die Öffentlichkeit, auf den ‹Markt› gelangte, war nämlich damals für viele noch befremdlich.

 Die hohe Qualität der Reportage für einen ‹Bazar› von wenigen Tagen ist nicht selbstverständlich. Deshalb ein Blick zurück. Mit 90 Galeristen und 20 Kunstbuchhändlern in zwei Hallen, mit einem sumpfigen Gärtchen voll spritzender Tinguely-Maschinchen glich die erste ‹ART› eher einem Chaosfest als einem Renommieranlass. Das Wühlen in Mappen ist uns Älteren unvergesslich. Noch fehlten die Galerien aus den USA, und so galt der Anlass zwar als unterhaltend, aber nicht als Top-Ereignis, die Redaktionen schickten eilige Reporter. Nicht so Kurt Wyss, Ressortleiter der Bildredaktion der ‹National-Zeitung›. Seine Reportagen waren fern vom raschen Knipsen. Lang und schmal ruderte er durch sämtliche Kojen, verglich und fragte, schaute und hob die Kamera erst im – frei nach Lessing – ‹fruchtbaren Augenblick›. In der Verbindung von Neugier und Geduld vergass er Zeit und Arbeitsaufwand. So kam es zu seinen hochwertigen Bildern.

 Seither begleitet Kurt Wyss die inzwischen in ‹Art Basel› umbenannte Kunstmesse. Kein Müdewerden durch bald vier Jahrzehnte. Und mehr: keine Routine. Seine Augen schauen bei jeder Vernissage blankgeputzt wie zum ersten Mal. Während die Habitués Preise vergleichen, Namen nach Berühmtheit abhaken, vertraute Galeristen aufsuchen, geht Kurt Wyss auf Pirsch ins Unbekannte und macht Entdeckungen, die ihn immer neu entzücken. Er erinnert mich dann an den ‹ravi›, jene einzige und heute kaum mehr zu findende Figur in provenzalischen Krippen, die die Arme emporhebt: vor Begeisterung. Kurt Wyss hebt die Kamera. Dann ‹schiesst› er sein Bild nicht, sondern umfängt ein Werk, eine Situation, die er für sich bewahren und den anderen mitteilen will.

Lektionen der Offenheit

Mit dem rasanten Wachstum von Grösse und Reputation der ‹Art Basel› erhielt das abertausendköpfige Kunstereignis in den Zeitungen immer mehr Raum. So kam es, dass Kurt Wyss und ich, Fotograf und Schreiberin, oft zu zweit unterwegs waren, zuerst im Alleingang, dann trafen wir uns an abenteuerlichen Ecken, legten ein Konzept fest und stürzten uns gemeinsam ins Kunst-Labyrinth. Es ging uns darum, den Leserinnen und Lesern so etwas wie eine Rettungsschnur durch die Lawine Kunst anzubieten. Dabei tauschten und teilten wir als geniesserische Augenmenschen die Standpunkte und Erfahrungen. Ich suchte – gemäss den Regeln der ‹alten Kunstkritik› (Roland Barthes) – nach Übereinstimmungen von Form und Inhalt. Kurt Wyss, der Basler, fügte dem Ernsthaften das Schräge, gelegentlich Absurde bei. So wurden unsere Rundgänge zu vergnüglichen Lektionen der Offenheit gegenüber Kunst und Unkunst, ohne Rücksicht auf den ‹guten Geschmack›, der ohnehin nichts mit einem Kunsturteil zu tun hat.

Nach den Sehfreuden jagte jeder nach Hause, Kurt in die Dunkelkammer, ich an den Schreibtisch. Traf man sich am Morgen in der Redaktion, liess die Freude an den Fotografien die kurze Nacht vergessen. Da war nicht nur jede Situation bei noch so zweifelhaftem Licht gestochen scharf, da fehlten auch keine Angaben von Werk, Format, Technik, Galerie. Die ‹Lektionen der Offenheit› fanden ihren Niederschlag in Kombinationen von klassisch Anerkanntem zu witzig Neuem. Unbekümmert verhielt sich K.W. gegenüber der geheiligten Preispolitik. Wenn er ein besonders teures Werk fotografierte, zeigte er es durch die Inszenierung mit Zuschauern eher als Kuriosum denn als höchstes Gut.

Der Stil Kurt Wyss

Die professionelle Perfektion und die originellen Situationen gehören zum Metier eines Meisterfotografen. Ein eigentlicher Erfinder ist aber Kurt Wyss im Zusammenbringen von Kunstwerken und Menschen. Darunter ist nicht bloss die Praxis zu verstehen, die Dimension einer Skulptur, eines Gemäldes durch eine Figur zu verdeutlichen. Was zum ‹Stil Kurt Wyss› geworden ist, reicht weiter, greift tiefer. Für ihn, der eigentlich Ethnologe werden wollte, ist Kunst das Forschungsgebiet für die Sache des Menschen, ein Versuchsfeld der ‹condition humaine›. Vielleicht liebt er Kunst aus diesem Grund so leidenschaftlich.

Natürlich gehört zur Begegnung mit Kunst die Begegnung mit dem Künstler. Der diskutierende Eduardo Chillida, der zeichnende Jean Dubuffet, der nachdenkliche Henry Moore sind nie in Pose gesetzt, sondern so selbstverständlich ‹da› wie ihre Werke. Sogar Picasso hat nicht den üblichen Sieger-Macho Blick, sondern sinnt vor sich hin.

Was vollends die Einzigartigkeit des ‹Stils Kurt Wyss› ausmacht, ist die Begegnung des Publikums mit Kunst. Die Fotografien von inzwischen 37 Kunstmessen – es dürften Tausende sein – haben historischen, künstlerischen und gesellschaftspolitischen Gehalt und Glanz. Fast könnte man meinen, der verhinderte Ethnologe betreibe Verhaltensforschung bei ungleichen Arten, wenn er den Punk vor dem Sam Francis-Gemälde zeigt, die Lady vor Nackedeis, ein küssendes Pärchen vor einem gemalten Wolfsrachen. Oder wenn er registriert, wie das Handy und der PC das alte Telefon ablösen, wie Präsentationsformen und Galeristinnen-Look wechseln und wann Rauchen schick war. Zukünftigen Soziologen werden die Wyss-Bilder Hinweise auf Moden, Gesten, Betrachtungsarten in Zusammenhang mit Kunst geben. Nicht zu finden sind jene beliebten Entlarvungen, wie man sie bei einigem Voyeurtum auch an der ‹Art Basel› ausmachen und fotografieren könnte. Der Begriff Diskretion ist für den ‹Stil Kurt Wyss› zu beiläufig, es geht bei ihm um den tiefen Respekt vor dem

Menschen, um die Ehrfurcht vor Intimsphären und wohl auch um eine herzliche Zuneigung zu den Besucherinnen und Besuchern, als wären sie mit ihm gemeinsam Schauende. Zum Respekt gehört der Verzicht auf Blitzlicht. Und die sogenannte Prominenz wird nicht den schlichten Namenlosen vorgezogen.

Ebenso ausgeprägt ist die Hochachtung vor der Kunst. Die Menschen schieben sich zwar vor Kunstwerke, ohne sie aber zu verdecken. Vielmehr entstehen wortlose Dialoge zwischen Bild und Publikum: Traumsituationen für Künstler. Die Arbeitsmethode von Kurt Wyss weist auf einen weiteren, spannenden Dialog hin: auf den Bezug zwischen Kunst und Fotografie. Wie Walter Benjamin feststellte, verwandelt die Fotografie den Wert einer Sache in einen Ausstellungswert. Kunstwerke, bereits Ausstellungswerte, werden also doppelt verwandelt, was noch ambivalenter wird, wenn das Kunstwerk eine Fotografie ist.

Für dieses weite, von der Wissenschaft wenig erforschte Feld gibt das Dossier Wyss wertvolle Informationen. Wenn er selbst auch nicht als ‹Künstler› bezeichnet sein will: Seine ‹Art Basel›-Bilder sind nichts anderes als ‹Kunst, gesehen durch ein Künstlerauge›. Dazu kommt, dass er auch seit der Digitalisierung für die Kunstmesse-Reportagen beim alten Handwerk der analogen Fotografie und beim Schwarzweiss bleibt. So entgehen seine Aufnahmen dem Misstrauen gegenüber der digitalen Information. Die Vielfalt der Kunst und die Wahrhaftigkeit ihrer Wiedergabe sind auf der Seite von Kurt Wyss.

Bildende Künstler

Bildende Künstler – und erst recht ihre Galeristen – sind an Publizität interessiert und posieren in Ausstellungen im Allgemeinen gerne vor ihren Werken. Die so entstandenen Fotos können zwar durchaus informativ und spannend sein, und sie eignen sich gut als Illustration für Ausstellungsberichte. Manchmal entsteht bei einer solchen ersten Begegnung aber auch Lust auf ein näheres Kennenlernen, eine gegenseitige Sympathie. So bekam ich Zugang in viele Künstlerateliers. Oft blieb es nicht bei einem einzigen Besuch.

Denn Zutritt in ein Künstleratelier zu erhalten, heisst noch lange nicht, den Künstler bei seiner eigentlichen Arbeit fotografieren zu können. Um das zu erreichen, braucht es ein gegenseitiges Vertrautwerden. Das Dabeiseindürfen beim kreativen Prozess, einem für den Künstler ‹intimen› Vorgang, ist erst möglich, wenn er sich so sehr an den Fotografen gewöhnt hat, dass er ihn gar nicht mehr wahrnimmt. Dieses Nicht-mehr-wahrgenommen-Werden kann auch beim Einrichten von Ausstellungen entstehen.

In Ausstellungen posieren auf den folgenden Seiten Samuel Buri, Jesus Rafael Soto, Daniel Spoerri, Roy Lichtenstein und Otto Tschumi. Besonders gut gefällt mir, wenn Künstler sich mit Selbstbildnissen zusammen porträtieren lassen, hier Chuck Close, Andy Warhol, Georg Baselitz und Cindy Sherman. Beim Einrichten einer Ausstellung wurden fotografiert Dieter Roth, Mario Merz, Eduardo Chillida, Nam June Paik, Franz Fedier, Niki de Saint Phalle und Mike Kelley. Bei sich zu Hause zeige ich hier Oskar Kokoschka, Maya Sacher, Irène Zurkinden, Kurt Pauletto und Alexander Zschokke. Max Kämpf und Hans Falk sind bei der eigentlichen kreativen Arbeit in ihren Ateliers zu sehen.

Chuck Close vor seinem 1977 gemalten Selbstbildnis, Kunstmuseum Basel, Mai 2002

Dieter Roth in der Galerie Handschin, Basel, Februar 1977

Mario Merz in der Galerie Buchmann, Basel, November 1983

Irène Zurkinden in ihrem Atelier in Basel, April 1977

Samuel Buri in der Galerie Beyeler, Basel, Januar 1983

Kurt Pauletto in seinem Atelier in Basel, Juni 1980

Andy Warhol vor Selbstbildnissen, Kunsthaus Zürich, Mai 1978

Georg Baselitz, Literaturhaus Basel, Mai 2002

Cindy Sherman vor einer ihrer Selbstdarstellungen, Kunsthalle Basel, März 1991

Eduardo Chillida, Kunsthalle Basel, März 1991

Max Kämpf in seinem Atelier in Basel, Januar 1971

Jesus Rafael Soto in der Galerie Beyeler, Basel, April 1972

Oskar Kokoschka in seinem Atelier in Villeneuve, September 1966

Maya Sacher mit eigenem Werk, Pratteln, Mai 1976

Hans Falk in seinem Atelier auf Stromboli, Februar 1968

Nam June Paik, Kunsthalle Basel, August 1991

Franz Fedier in seinem Atelier in Bern, Januar 1971

Daniel Spoerri, Kunsthaus Zürich, April 1972

Claes Oldenburg, Grafikatelier Gemini, Los Angeles, Juli 1972

Roy Lichtenstein, Galerie Beyeler, Basel, Juni 1973

Niki de Saint Phalle, ART 1'70, Rosentalanlage in Basel, Juni 1970

Mike Kelley, Kunsthalle Basel, April 1992

Alexander Zschokke in seinem Atelier in Basel, Mai 1976

Otto Tschumi, Galerie Littmann in Basel, Februar 1983

Schriftsteller

Schriftsteller leben meist recht zurückgezogen. Fast alle aber wissen genau, wie sie sich dargestellt haben möchten. Ich akzeptiere diese Selbstinszenierungen, weil ich der Meinung bin, dass sie mit der Persönlichkeit des Abzubildenden viel zu tun haben, ja, ihn geradezu charakterisieren. Ich hüte mich also davor, selbst zu inszenieren, was mich wohl von vielen grossen Porträtisten unterscheidet, die ihre Modelle auf grandiose Weise in Szene setzen und so mit einer Aura versehen.

    Die Tür zur Welt der Schriftsteller öffnete mir Dieter Fringeli. Er war selber Schriftsteller, verdiente sein Brot aber als Feuilletonredakteur der ‹Basler Zeitung›. Zusammen besuchten wir unter anderen Friedrich Dürrenmatt, Heinrich Böll und Peter Huchel. Dieter Fringeli war auch der Herausgeber des Buches ‹Haltla – Basel und seine Autoren›, für das ich sämtliche Fotos beisteuerte. Dies ermöglichte mir, den ganzen Basler Literaturkuchen kennenzulernen, was mir viele erfreuliche, aber auch einige schwierige Begegnungen eintrug. Unvergesslich sind mir vor allem eine Schriftstellerin und die Gattin eines Schriftstellers. Beide wollten meine Arbeit zensurieren, und die eine drohte sogar, mich umzubringen, als ich ablehnte. Ich hatte immer wieder das Problem, den Leuten klarzumachen, dass ich nicht in ihrem Auftrag, sondern für die Leserschaft fotografierte und sie deshalb vor der Publikation kein Recht zur Einsicht in meine Arbeit hatten. Meine ‹Opfer› konnten sich aber auf meine Fairness verlassen: Ich habe als Bildjournalist nie Propagandabilder gemacht, weder im negativen, noch im positiven Sinn.

Golo Mann, Dezember 1977

Adelheid Duvanel, Januar 1989

Heinrich Böll, November 1977

Salka Viertel, März 1971

Robert B. Christ (Fridolin), Juni 1978

Erika Burkart, Mai 1978

Urs Widmer, September 1978

Urs Widmer, September 1978

Max Frisch, September 1968

Friedrich Dürrenmatt, September 1968

Friedrich Dürrenmatt, August 1978

Eugenio Montale, November 1974

Charlotte Kerr Dürrenmatt, August 1992

Patricia Highsmith, November 1982

Peter Huchel, Mai 1979

Dieter Fringeli, Juni 1978

Rolf Hochhuth, September 1990

Günter Grass, September 1968

Felix Burckhardt (Blasius), Juni 1978

Uli Becher, Juni 1969

Margarethe Mitscherlich, März 1988

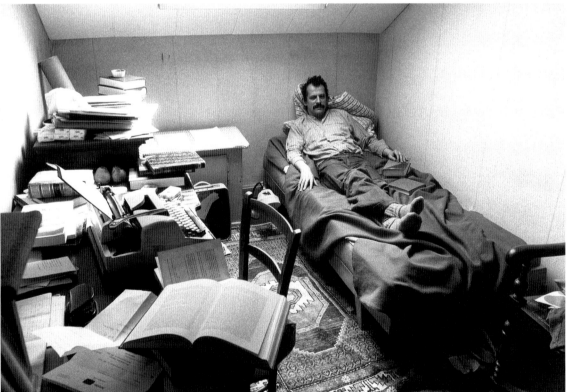

Tadeus Pfeifer, Juni 1978. Unten, Hansjörg Schneider, Mai 1978

Matthias Jenny, August 1978. Unten, Rainer Brambach, Juni 1978

René Regenass, Juni 1978

Frank Geerk, Januar 1976

Musiker

Musik lässt sich nicht fotografieren, die Musiker aber wohl. Eine Zeitung, die seit eh und je grossen Wert auf eine seriöse und gepflegte Musikberichterstattung legt, will Bilder für die Musikkritiken. Während der Musikkritiker das Konzert besucht und es dann bespricht, ziehe ich es vor, die Musiker bei der Probe oder beim Einspielen zu fotografieren. Die Leica-M-Kameras sind sehr leise, doch auch dann stört das Geräusch des Verschlusses die Konzertbesucher. Nur wenn es nicht anders möglich ist, mache ich während eines klassischen Konzertes Aufnahmen. In einem solchen Fall versuche ich, in einem sehr lauten Moment den Auslöser zu bedienen. Je nach Situation fotografiere ich nur während des Applauses.

      Im Normalfall jedoch bereiten die Konzertveranstalter die Musiker auf meinen Besuch der Probe oder des Einspielens vor. Die Musiker nehmen mich dann zur Kenntnis, da sie sich aber voll auf ihre Arbeit konzentrieren, kümmern sie sich nicht weiter um mich. Das gibt mir die Möglichkeit, in aller Ruhe ihre Körpersprache zu beobachten, um dann ganz gezielt die typischen Gesten der jeweiligen Persönlichkeit aufzunehmen.

      Es ist schon vorgekommen, dass Solisten mich gebeten haben, mich an verschiedene Orte im Konzertsaal zu begeben, weil sie Näheres und Präziseres über die spezifische Akustik erfahren wollten. In einer solchen Situation fühle ich mich wie ein Hochstapler, denn ich spiele kein Musikinstrument und bin überhaupt leider eher unmusikalisch!

Louis Armstrong und Velma Middleton, Freiburg im Breisgau, Februar 1959

Lionel Hampton, Basel, April 1990

Maurice Chevalier, Bern, März 1957

Mireille Mathieu, Basel, Februar 1968

Ted Heath Band, Jungfraujoch, Juni 1959

Grace Bumbry als Carmen, Basel, September 1960

Hans Werner Henze, Basel, Januar 1981

Wolf Biermann, Basel, Januar 1986

John Cage, Zürich, Juni 1991

Klaus Huber, Basel, Februar 1992

Paul Sacher, Basel, November 1997

Eva Lind, Basel, November 1985

Heinz Holliger, Basel, Dezember 1998

György Kurtàg, Dornach, Dezember 1998

Anatol Ugorski, Basel, März 1995

Pierre Boulez, Basel, April 1996

Yehudi Menuhin, Basel, August 1994

Ernst Pfiffner, Basel, März 1992

Eine Retrospektive zu Lebzeiten
Hans-Peter Platz

‹Retrospektiven› nennen sich die Anlässe, bei denen oft der Zufall Regie führt und das Zitieren von Vergangenheit bereits den Ausstellungszweck rechtfertigt. Ich mag den Begriff ‹Retrospektive› schon deshalb nicht, weil er mittlerweile grossspurig und inflationär für die Vermarktung von Restbeständen künstlerischer Arbeiten und Nachlässen verwendet und zudem vom bitteren Geschmack nach Abschied, Vergessen und Tod begleitet wird. Wer den Fotografen Kurt Wyss, seine Gründlichkeit und seinen Qualitätsanspruch in eigener Sache kennt, weiss allerdings auch, dass ihm die Ehre, zu einer ‹Retrospektive› seines Schaffens im Museumsformat zu kommen, neben einer gewissen Genugtuung vor allem eine arbeitsintensive Zeit eingebracht hat. Aber eine ‹Retrospektive› zu Lebzeiten hat zumindest den Vorteil, selbst mit entscheiden zu können, was aus der Fülle des vorhandenen Materials weshalb wichtig und ausstellungswürdig geblieben ist.

Es mag im hektischen Verlauf der Zeit erstaunen, aber es ist schon so: Fünfzig Jahre sind inzwischen vergangen, seit der gelernte Fotograf Kurt Wyss, aus der Fotografendynastie Wyss-Dierks, als Bildreporter bei der damaligen Basler ‹National-Zeitung› in die Öffentlichkeit trat. Aufgefallen sind seinen ehemaligen Kollegen schon damals neben seinen handwerklichen Fähigkeiten seine Insistenz auf das bestmögliche Bild seines jeweiligen Angebots, seine Argumentationslust, wenn es darum ging, seine Qualitätsvorstellungen durchzusetzen, und vor allem sein Widerstand gegen die betriebsnotorische Versuchung, sich als Gelegenheitsfotograf aufzureiben und verbrauchen zu lassen. Zum Bildchef berufen, versuchte Kurt Wyss später für seine Zeitung eine unverwechselbare Bildsprache zu etablieren, aber seine eigentliche Befriedigung als Berufsfotograf fand er schliesslich in der Position des freien Mitarbeiters mit festem Auftrag. Es folgten die Blütejahre seiner Möglichkeiten. Auf Reisen, durch Reportageaufträge, Porträtaufträge und über eigene Vorschläge und eigene Initiativen sind jene typischen Wyss-Bilder entstanden, die sein akribisch aufgearbeitetes Archiv am Nadelberg auch kommerziell wertvoll und vor allem zu einer ergiebigen Quelle der Neugier und einer Dokumentation für gute Fotografie werden liessen. Schön, sich vorzustellen, wie sich Kurt Wyss als Archäologe in eigener Sache in sein Archiv verbissen haben wird, um den eigenen Ansprüchen an seine ‹Retrospektive› im Tinguely-Museum gerecht zu werden: von Erinnerungen begleitet, von Selbstzweifeln wohl auch, von Selbstgesprächen über das Für und Wider einer Bildwahl und von Stolz hoffentlich auch über Aufnahmen, die über die Qualität eines Zeitdokumentes hinausgewachsen sind.

Titel von Ausstellungen haben in erster Linie Schlagwortcharakter und sind entsprechend ungenau. ‹Kurt Wyss – Begegnungen› klingt entsprechend offen und nach Zufällen der einfachen Art. So, als wäre der Fotograf Kurt Wyss auf seinen beruflichen Wegen durch die letzten Jahre vorwiegend an Dingen und Menschen vorbeigestolpert und hätte bildlich mitgenommen, was der jeweilige Augenblick an Sensationen oder Atmosphäre hergegeben hat. Tatsächlich wird so auch Fotografie gemacht und manchmal sogar als Kunst ausgegeben. Mit Kurt Wyss allerdings hat diese Art von vulgärer Spontaneität und Augenblicksinspiration nichts zu tun. Einmal, weil er als Fotograf nicht an Zufälle der einfachen Art glaubt. Und zweitens, weil er immer nur registrieren, mitnehmen und schliesslich weitergeben wollte, was er selbst erfahren und begriffen hatte.

Fotografie geht bei Kurt Wyss auch durch den Kopf. Und so gehört es zu seinen Glaubensgrundsätzen, dass der Bildjournalist nur vermitteln kann, was er selbst verstanden hat. Oder, mit seinen Worten: «Man sieht nur, was man weiss.» Erstaunlich als Aussage in einer Zeit, die Oberflächenreize um ihrer selbst willen zu lieben und zu bewundern scheint. Die dem Visuellen in allen Medien mehr vertraut als tausend Worten. Dagegen hat Wyss immer versucht ausgerechnet mit Bildern anzukommen. Mit Bildern allerdings, die zweckbestimmte Inhalte visualisieren. ‹Geschossen› werden können solche Fotografien nicht. Verständlich deshalb, dass Wyss die fotografischen ‹Schützenfeste› mit digitalen ‹Schnellfeuerwaffen› schon als sprachliche Formulierung nicht ertragen kann, weil er hinter dem grassierenden fotografischen Analphabetismus Respekt- und gelegentlich auch Verantwortungslosigkeit gegenüber den abzubildenden Sachverhalten vermutet. Genau das also, was er selbst zu vermeiden suchte. Zwar bekennt er sich zur eigenen Neugierde, die er als Fotograf mit seinem Beruf natürlich tarnen kann. Aber seine Neugierde ist mit persönlichen Interessen gleichzusetzen. Und Interesse für Menschen und, wie die Beispiele zeigen, vor allem auch für Künstler hat er nicht nur als Fotograf. In Sachen bildender Kunst hat er auch die Theorie, die Geschichte und die Beschreibungen von Kunst im Kopf. Und wenn er mit Künstlern ins Gespräch kommt, weiss er auch verbal mitzuhalten, möchte Partner sein und wurde in der Regel auch als solcher akzeptiert. Schon deshalb, weil er unvoreingenommen zuhören kann, lernbegierig geblieben ist und Geduld hat bei der Suche nach seinen Bildern. Künstler wissen das zu schätzen, vertrauen der einfühlsamen Art des Fotografen, vergessen in langen Gesprächen mit ihm ihre Posen und Eitelkeiten, mit denen sie üblicherweise dem Typus des schnellen Fotografen imponieren können.

Wer als Journalist Kurt Wyss zu Interviews mitgenommen hat, weiss um die Schwierigkeiten bei der Gesprächsführung, die eigentlich dem Schreiber und nicht dem Fotografen zukommen sollten. Aber Wyss war gewohnt sich einzumischen, nachzufragen und mitzureden, was manchmal auch nervte, aber immer zu den besseren Bildern führte. Ob Künstler, Musiker, Politiker, Wissenschaftler, Wirtschaftsgrössen, Schauspieler, Beamte oder Menschen ohne öffentliche Positionen im XXL-Format, immer verhielt sich der Fotograf ihnen gegenüber mit Anstand, Respekt und einem vertrauensbildenden Interesse an ihren unterschiedlichen Tätigkeiten und Lebenssituationen. Kurt Wyss weiss heute viel zu erzählen von seinen Begegnungen mit Menschen, aus denen oft auch Freundschaften geworden sind.

Aufgrund seiner persönlichen Neigungen und Interessen sind es aber vor allem seine Künstlerbekanntschaften, die ihm unvergesslich blieben und ihn, wie er zugibt, auch beeinflusst und weitergebracht haben. Und so gehört es für Kurt Wyss zu den schönsten Erfahrungen, wenn er als Fotograf nicht nur einzelne Stationen einer Arbeits- oder Ausstellungssituation festhalten und weitergeben konnte, sondern mit der kontinuierlichen Dokumentation künstlerischer Entwicklungsprozesse beauftragt wurde. So etwa, wie ihm der grosse und schwierige Jean Dubuffet während vieler Jahre als fotografischem Begleiter seines Werkes vertraute.

Bei vielen grossen Namen der Gegenwartskunst war Kurt Wyss auf Atelierbesuch. Aber die Ausstellung ‹Begegnungen› ist mehr als eine Porträtgalerie berühmter Zeitgenossen, weil Kurt Wyss überall, wo ihn sein Beruf hinführte, auf Menschen mit der Sensibilität eines Seismografen reagierte. Seine fotografischen Menschenbilder sind immer Liebeserklärungen und erzählen von seinem Bedürfnis nach Kommunikation und, ja auch, von seiner Suche nach Zuneigung. Und wenn Kurt Wyss heute seine gerahmten oder gedruckten Hochglanzbilder nur als Nebenprodukte seiner Arbeit für die Zeitung verstanden haben möchte und ihm als Pressefotografen, wie er noch immer behauptet, die Vermittlung seiner Bilder in grosser Auflage die grösste Befriedigung verschaffte, so ist damit ein Understatement verbunden, das mit zu Kurt Wyss gehört. Kunst und Künstler fotografierte er viel und gerne, von Kunst in eigener Sache spricht er auch im Zusammenhang seiner Retrospektive nicht. Wer seine Bilder betrachtet, weiss es allerdings besser. Hier hat einer mit Handwerk, Wissen, Ausdauer und einiger Gestaltungskraft Kunst gemacht. Als Nebenprodukt sozusagen; wenn er es denn so haben möchte.

Politiker / Royals

Zum täglichen Brot von Politikern gehört, sich selber darzustellen. Es ist für ihre Karriere überlebenswichtig, in den Medien präsent zu sein. Heute gibt es sogar Medienbüros, die Politiker für ihre Auftritte in der Öffentlichkeit schulen, und für wichtige politische Ereignisse werden eigens Fotografentribünen gebaut, um allen gute Bilder zu ermöglichen. Das Resultat sieht dann immer ungefähr gleich aus: Staatsmann X schüttelt Staatsmann Y die Hand und beide lächeln in die Kamera, zum Beispiel. Selbstverständlich habe auch ich solche Fotos gemacht. Ich habe andererseits aber auch hier immer versucht, den Menschen zu sehen und etwas Persönliches von ihm zu zeigen.

Die ‹National-Zeitung› war bestrebt, ihrem Namen gerecht zu werden, indem sie eingehend über gesamtschweizerische Politik berichtete. Sie war möglicherweise die erste Tageszeitung, die ihre Berichte aus dem Bundeshaus mit eigenen Fotoberichterstattungen illustrierte. Von den Sechzigerjahren an habe ich deshalb sehr viel im Bundeshaus fotografiert: während den Sessionen, bei den Neujahrsempfängen und natürlich an den Bundesratswahlen.

Bis in die Achtzigerjahre gab's keine Tribünen. Da man nicht alle Fotografen zulassen konnte, schuf man sogenannte Foto-Pools, das heisst, man liess eine beschränkte Anzahl Fotografen zu, deren Bilder dann auch allen andern akkreditierten Kollegen zur Verfügung standen. Für den Besuch von Papst Paul VI. im Juni 1969 war ich zum Beispiel Pool-Mitglied als Vertreter des Schweizerischen Pressefotografenverbandes, was mir ermöglichte, sehr nahe an den Papst heranzukommen. Meine Fotos trugen mir später eine vom Papst gesegnete Medaille und einen Dankesbrief aus dem Vatikan ein …

Malcolm X, Revolutionär, in East Lansing, Michigan, Januar 1963

Papst Paul VI., Genf, Juni 1969

Der deutsche Bundespräsident Theodor Heuss, Basel, Januar 1958

König Hussein von Jordanien, Amman, April 1958

Bernard L. Montgomery, Viscount of Alamein, Stellvertretender Oberbefehlshaber der NATO

König Paul I. von Griechenland, Bundespräsident Petitpierre und Kronprinz Konstantin, Basel September 1958

Kurt Jenny mit Tochter, Basel, September 1967

Regierungsrat Alfred Schaller mit Tochter Veronica, Basel, September 1967

Nationalrätin Ruth Mascarin, Basel, Januar 1980

Regierungsrat Arnold Schneider, Basel, März 1966

Regierungsrat Karl Schnyder, Basel, August 1986

Bundesrätin Elisabeth Kopp, Bern, Oktober 1984

Simone Veil, Präsidentin des Europäischen Parlaments, Paris, Mai 1985

Rainer Offergeld, deutscher Bundesminister für Entwicklungszusammenarbeit, Niamey, Niger, Januar 1981

Bundesrat Leon Schlumpf in einer SBB-Lokomotive Re4/4, November 1982

Regierungsrat Peter Facklam, Heitersheim, Juni 1986

Der Fotograf – ein besonderer Zeitzeuge
Georg Kreis

Dass Bilder ein wichtiger historischer Quellentypus sind – oder sein sollten, ist eine Binsenwahrheit. Eine Wahrheit, die in den letzten Jahren mit wunderschönen Ausstellungen und Bildbänden dokumentiert worden ist. Dass Bilder historische Quellen sind, dies gilt für alle Bilder, demnach auch für Fotografien, aber nicht nur für sie. Vielleicht aber insbesondere für sie? Man möchte dies meinen, denn sie – so die landläufige Binsenmeinung – bilden schliesslich getreu und wahr ab, was ist. Wegen dieser nicht ganz unzutreffenden, aber doch teilweise irrigen Meinung ist es nötig, nicht nur von der Fotografie, sondern auch vom Fotografen und – immer häufiger – auch von der Fotografin zu sprechen und sich zu überlegen, was sie tun, wenn sie Quellen produzieren und uns Quellen zur Verfügung stellen. Da ist allerhand möglich. Da gibt es – mit Subvarianten – mindestens drei Grundtypen. Da gibt es das Zufallsbild, es gibt das Dutzendbild und es gibt das Kunstbild.

Das *Zufallsbild* fasziniert das Publikum am meisten und lässt den Fotografen als ganz unbedeutend erscheinen. Zwar zur richtigen Zeit am richtigen Ort – aber nur ein Medium eben des Zufalls. Was draus geworden ist, das verdankt sich allein aus dem besonderen, durch das Bild festgehaltenen Vorkommnis und dem aufsaugenden Sehen des Publikums. Ein Beispiel? Die meisten Beispiele, die man schnell zur Hand hat, weil sie dem Schreibenden wie den Lesenden ein Begriff sein könnten, sind letztlich keine guten Beispiele, weil sie viel weniger zufällig sind, als sie erscheinen, und weil meistens doch mehr kontinuierliche Arbeit damit verbunden ist. Was man insofern zu Unrecht als Zufallsbeispiel bezeichnet, ist jedenfalls seine besondere Einmaligkeit. In der grossen Weltgeschichte etwa ‹Der Kuss› 1944 in den Strassen des befreiten Paris. Sie sind Teil des kollektiven Bildgedächtnisses der Menschheit geworden. Sind, wie man neuerdings sagt, im Arsenal der Bildliteratur ‹gelettert›. Doch das ist ein anderes Thema. Zufallsbilder von Kurt Wyss? Solche muss es geben, dürften aber schwer zu finden sein; am ehesten im Abschnitt ‹Politiker / Royals› und in der Chronologie zu vierundfünfzig Jahren Fotografenarbeit. Etwa die ‹echte› Abschiedsszene auf dem Elsässerbahnhof (1957), die letztlich alles andere als Zufall, nämlich Fundgegenstand eines suchenden Auges ist.

Das *Dutzendbild*. Für Historikerinnen und Historiker eine ganz wertvolle Kategorie, wenn man Alltag erforschen will. Erforschen und nicht abbilden. Denn auch das muss ja immer wieder gesagt werden, dass man wenn möglich Bilder nicht zur nachträglichen Illustration von bereits über andere Quellen gewonnene Einsichten verwenden, gar missbrauchen soll; dass man also Bilder ins Zentrum der nach Erkenntnissen suchenden Analyse stellen muss. Der besondere Wert des Dutzendbildes besteht, wenn man das paradox formulieren darf, darin, dass es gerade nicht besonders, sondern seriell und x-fach belegt ist. Und nicht auf Ereignisse, sondern auf Zustände ausgerichtet. Es ist wahrscheinlich nicht falsch, wenn man annimmt, dass Dutzendbilder vor allem von Amateurfotografinnen und -fotografen produziert werden, aber auch von Profis nach festen Mustern: Hochzeitsfotos, Klassenfotos, Vereinsfotos usw. Dutzendbilder bei Kurt Wyss? Ein historisches Dutzendmotiv ist sicher die Vereidigung eines Bundesrats (zum Beispiel Celio 1966). Die Ambition des besonderen Fotografen ist es, daraus ein besonderes Bild zu machen wie im Falle des Künstlerbildes, das als Genre ebenfalls Dutzendcharakter hat, doch stets die Einmaligkeit einfangen sollte.

Ganz anders die *Kunstfotografie*. Sie wird zu dem, was sie ist, indem sie Dinge sieht und sehen macht, die nicht allgemein vorhanden und zugänglich sind. Dass es so weit kommt, setzt ein besonderes Können voraus. Ein besonderes Sehen, durch Begabung und noch mehr durch lange Übung. Und neben dem Können braucht es auch ein Wollen. Ein an die Welt Herangehenwollen. Das ist Arbeit. Und das Ergebnis der Arbeit ist immer ein Produkt, ein doppeltes Kunstprodukt, ein künstliches und ein künstlerisches. Ein Artefakt, das auch als Zufalls- und Dutzendbild daherkommen kann. Taugt es dann noch als historische Quelle? Man muss doch annehmen, dass es nicht mehr einfach Wirklichkeit abbildet, weil sich der Fotokünstler als Instanz dazwischen geschoben hat. Das heisst aber nicht, dass wegen derartiger Subjektivität das Kunstprodukt keine historische Quelle mehr sei. In einer gewissen Weise gibt es ja keine anderen Quellen als subjektive. Alle haben ihre Schöpfer. Dies müssen die Historikerinnen und Historiker beim Schöpfen ihrer Geschichtsbilder – ihrer zusätzlichen Artefakte – ohnehin bedenken. Wenn sie diese Art von Quellen verwenden, tun sie – allerdings mit ihrem historischen Spezialinteresse – etwa das Gleiche, was alle Betrachterinnen und Betrachter von Kunstfotografien tun: Sie versuchen, die individuelle Aussage des Bildes mit ihrem individuellen Blick zu einem individuellen Verständnis zu verbinden. Jeder für sich. Aber auch als Gesellschaft alle zusammen über eine gemeinsame Verständigung beim je eigenen Sehen. Kunstfotos gibt es bei Kurt Wyss zuhauf. Das Kunstbild lebt zum Teil von ‹Einfällen›, wie besonders deutlich fassbar beim doppelten Baselitz. Die Idee alleine genügt aber nicht, das Bild muss auch stimmen. Dies tut es vor allem dann, wenn es den Menschen zum sich offenbarenden Mitspieler macht, ob dies nun der Baselitz oder eine andere Grösse oder einfach das Mädchen mit dem Huhn (1977) ist. Die meisten seiner Bilder sind Ergebnisse intensiver Reflexion. So kann Kurt zu allen seinen Bildern ausführliche Erläuterungen geben, allzu besorgt, dass man das nicht sieht, was er und sein Apparat gesehen haben. Zugegeben: Solche Kommentare verhelfen zu zusätzlicher Wahrnehmung. Die Kunstfotos – das macht sie aus – bestehen indessen vor interessierten und etwas geübten Augen auch alleine.

    Allen Kategorien von Fotos ist eines gemeinsam: Sie sind allein schon deswegen historisch, weil sie in einem ganz bestimmten Moment – dem berühmten Klick im Strom der Zeit – gemacht sind. Alle fotografischen Bilder sind Momentaufnahmen, wie das andauernd konzentrierte Gesicht Dubuffets mit der viel zu langen, Sekunden später sicher in die Tiefe stürzenden Asche der Zigarette. Momentaufnahmen, selbst wenn sie die Zeit überdauern und für eine Weile beinahe ewig erscheinen.

Ein Jahr, ein Bild …

Eine Biografie in 54 Fotografien

In meinem Atelier haben sich im Lauf eines langen Reporterlebens Tausende von Bildern und mindestens zehnmal so viele Negative angesammelt. Beim Auswählen der Fotos für dieses Buch und die damit verbundene Ausstellung kam viel längst Vergessenes zum Vorschein: Einmal abgeschlossene Arbeiten hatten mich im Allgemeinen nicht mehr interessiert. Sie waren abklassiert, begraben, aus den Augen, aus dem Sinn. Ohne Andres Pardey und meinen Sohn Tobias als Weggefährten auf meiner Entdeckungsreise in die Vergangenheit hätte ich mich zweifellos verirrt und verloren. Die Entscheidung, was gezeigt werden sollte, fiel uns nicht leicht, auch nachdem klar geworden war, wo wir Schwerpunkte setzen und was wir auslassen wollten. Um dennoch einen Einblick in die Vielfalt meines Reporterlebens zu geben, sollte für jedes Jahr ein Bild mit einer ausführlichen Legende stehen.

     Es ist natürlich völlig unmöglich, ein repräsentatives oder ‹das wichtigste› Foto eines Jahres zu bestimmen. Es gibt für mich eigentlich auch kein wichtiges oder unwichtiges Bild, so wie es keine wichtigen oder unwichtigen Aufträge gibt. Mich interessiert (fast) alles, ich nehme immer jeden Auftrag ernst, versuche, auch aus Kleinkram das Beste zu machen.

     Was ich an meiner Arbeit für die Presse am meisten geliebt habe, war der Einblick in so viele verschiedene Welten, die Begegnung mit so vielen verschiedenen Menschen. Dabei fand ich das Gespräch mit dem Bergbauern genauso spannend wie jenes mit dem Nobelpreisträger, und ein Zelt war mir genauso recht wie ein eleganter Salon, ja, ich genoss diese Kontraste, diese Abwechslung sogar ganz besonders. So ist auf den folgenden Seiten ein kunterbuntes Mosaik zustande gekommen, das von Skurrilem bis zu ‹Bedeutendem› ein wenig von dem enthält, was mein reiches, oft aufregendes Leben ausmachte. Und weil mein Beruf so eng mit meinem Leben verwoben war, dass beide kaum zu trennen sind, erzähle ich nebenher ein wenig meine eigene Geschichte. Meine Zeitgeschichte.

1954 Als 17-Jähriger besuchte ich mit meinen Eltern die ‹Photokina› in Köln und sah dort in einem Schaufenster zum ersten Mal einen Fernsehapparat. Diese frühe Aufnahme zeigt, wie ich mich schon damals bemühte, nur mit vorhandenem Licht zu fotografieren. Schliesslich war ich bereits seit einem halben Jahr Fotografenlehrling bei Benedikt Rast in Fribourg. Ich sollte Fotograf werden, wie es bereits mein Grossvater Wilhelm Dierks und mein Vater Otto Wyss-Dierks waren.

1955 Fachfotografie ist gleich Grossbildfotografie – das war die Devise bei Benedikt Rast. Porträts wurden auf Planfilme im Format 13/18 cm aufgenommen. Für Architekturaufnahmen, die auf Platten im Format 18/24 cm realisiert wurden, rückten wir mit viel und schwerem Gepäck aus: ein stabiles Stativ, die 18/24 cm Holzkamera mit verstellbaren Vorder- und Hinterstandarten sowie die mit unbelichteten Platten geladenen Kassetten. Der trommelnde Bub in Fribourgs Unterstadt wurde mit der viel leichteren Rolleicord (Format 6/6 cm) aufgenommen.

1956 1956 absolvierte ich die Rekrutenschule als Artilleriefotograf. Auch bei der Armee wurde noch mit Glasplatten in den Formaten 10/15 und 13/18 cm gearbeitet. Die RS-Verlegung brachte mich in die Kaserne von Sion. Während eines Sonntagsurlaubs besuchte ich im Wallis einen Kuhkampf, einen ‹match des reines›. Kühe kämpften da miteinander um ihren Rang innerhalb einer Herde. Die Siegerin wurde zum Leittier, zum Alphatier. Noch faszinierender als die Kämpfe selber waren das Publikum und darunter vor allem die Besitzer der siegreichen Kühe.

1957 Während meiner Lehrzeit besuchte ich die Fotofachklasse der Kunstgewerbeschule in Bern. Lehrer Robert Gurtner veranstaltete alle drei Wochen einen Fotowettbewerb. Die Jury bestand aus uns selber, wobei keiner für sein eigenes Bild stimmen durfte. ‹Liebe› war eines der Themen, das mich dann während einiger Zeit beschäftigte. Ich suchte weiter nach dem ‹wahren› Bild der Liebe; ungestellt und spontan musste es sein. Dieser Abschied, aufgenommen im Elsässerbahnhof, ist ‹echt›.

1958 Nach abgeschlossener Lehre und Militärdienst war ich angestellter Fachfotograf beim Fotoreporter Walter Studer in Bern. Er zeigte mir, wie man eine Reportage am besten anpackt. Für den Start als freier Fotoreporter setzte ich meine gesamten finanziellen Mittel ein, um über Italien, Griechenland, Zypern in den Mittleren Osten zu reisen. Dort versuchte ich, exklusive Reportagen zu realisieren. So fotografierte ich auf dem heiligen Berg Garizim in der Nähe von Nablus beim alten jüdischen Volksstamm der Samaritaner das traditionelle Osterfest.

1959 Spannende Reportagethemen sind natürlich auch hierzulande zu finden. Am 13. Juni 1959 landete auf dem Flughafen Basel-Mulhouse eine DC-4 der Air France mit 106 Jungstörchen an Bord, die der ‹Storchenvater› Max Bloesch aus Altreu mit Hilfe der französischen Armee in Algerien eingefangen hatte. Die jungen Adebare wurden in der Schweiz in vorbereitete Nester ausgesetzt und von Menschen gefüttert. Auf dem Flugplatz befand sich auch eine Schulklasse aus Riehen, die Taufpatin der vier Riehener Störche wurde.

1960 Ein junger, freier Pressefotograf sucht ein gutes Reportagensujet, fotografiert, schreibt einen Text und hofft dann, einen Abnehmer für seine Arbeit zu finden. Damals gab es noch viele illustrierte Zeitschriften, die an originellen Bildberichten interessiert waren. Bereits seit 1957 publizierte die ‹Schweizer Illustrierte› einige Reportagen und auch Titelbilder von mir. Wehe jedoch dem Fotografen, der seine Bilder auch der Konkurrenz, zum Beispiel der ‹Woche› anbot. Mein skurriler Bildbericht über die Schweizer Meisterschaft der Coiffeure erschien in der ‹Woche› – unter dem Pseudonym ‹Photo Tury Schwarz›.

1961 Dass auch Fotoreporter ausgewiesene Fachleute sein können, wollte ich meinen Eltern beweisen, indem ich die Meisterprüfung ablegte. Doch dann wollte ich weg in die grosse weite Welt. Nach Paris wollte ich London kennenlernen, wo ich einen dreimonatigen Sprachkurs besuchte. Meine Fotoausrüstung war gewachsen. Zur anfänglichen Rollei kam im Mittelformat die Hasselblad dazu und im Kleinbildformat die Leica. Mit ihr fotografierte ich diese Jugendlichen auf einem Londoner Strassenmarkt. ‹Swinging London› nannte man das damals.

1962 Die Fernsehansagerin Heidi Abel auf einem Mässbummel: Die Basler Herbstmesse von 1962 fotografierte ich sehr gründlich, weil mir die ‹National-Zeitung› den Auftrag zu einem Neujahrsbüchlein zu diesem Thema erteilt hatte. Mit der ‹National-Zeitung› war ich auch in anderer Weise liiert. Jeweils am Montag, dem freien Tag der Bildredakteurin Helen Fischer, übernahm ich die Auswahl, Platzierung und Beschriftung der aktuellen Bilder für zwei Ausgaben, das Morgen- und das Abendblatt. Die spärlichen Bilder in der ‹National-Zeitung› waren hauptsächlich Illustrationen. Fotojournalismus wurde kaum gepflegt.

1963 «Was kostet die Welt?» – Nach London entschied ich mich nun für ein Amerika-Jahr. An Neujahr 1963 traf ich in New York ein. Der Fernsehempfänger im kleinen Hotelzimmer konnte überallhin verschoben werden, und ich genoss es, aus der Badewanne die Ansprache von John F. Kennedy an das amerikanische Volk zu verfolgen. Ich reise dann weiter nach East Lansing an die Michigan State University, wo ich in erster Linie Kurse in Advertising belegte, ein Studienfach, das es damals in der Schweiz nicht gab. Ende Jahr erschien mein erstes Bilderbuch: ‹Mäss›, mit einem Text von -sten.

1964 In den USA war mein Entschluss gereift, das von mir bis anhin angestrebte Nomadenleben aufzugeben. Ich kehrte nach Basel zurück und wurde bürgerlich. Konkret hiess das: einen ständigen Wohnsitz zu haben und für ein regelmässiges Minimaleinkommen eine Teilzeitstelle anzunehmen. Bei der ‹National-Zeitung› wurde ich stellvertretender Bildredakteur, und zudem bildeten Inlandredakteur Karl Kränzle und ich das Team, das interessante Schweizerthemen bearbeitete, wie zum Beispiel die ‹Jura-Frage›.

1965 Diese Begegnung mit einem Bauern in Sardinien wurde mit der Hasselblad im Format 6/6 cm aufgenommen. Dieses Mittelformat galt als qualitativ höher stehend als das Kleinbildformat, die Bilder wiesen weniger Korn auf und die Grautonabstufungen waren brillanter. Je nach Aufgabe wählte ich das mir richtig erscheinende Format, wobei auch berücksichtigt werden musste, dass mit der kleinen und viel handlicheren Leica viel schneller gearbeitet werden konnte. Das Nebeneinander der beiden Formate sollte noch viele Jahre andauern.

1966 Nach der Pensionierung der Bildredakteurin Helen Fischer wurde bei der ‹National-Zeitung› eine den andern Ressorts gleichberechtigte Bildredaktion geschaffen, deren Leitung ich übernahm. «Machen Sie aus der Tageszeitung eine Tagesillustrierte», so lautete der etwas überspitzt formulierte Wunsch des Verlegers. Ein Schritt in diese Richtung war die Bebilderung der Sessionsberichterstattung aus Bern. Ich fotografierte in jenen Jahren sehr viel im Bundeshaus, nicht nur bei Bundesratswahlen. Das Bild zeigt unsere eidgenössischen Parlamentarier, alles Männer, bei der Vereidigung des neu gewählten Bundesrates Celio.

1967 Die Leitung der Bildredaktion nahm mich sehr in Anspruch, sodass ich zu meinem Bedauern selbst immer weniger zum Fotografieren kam. Als ich jedoch im September zum ersten Mal Vater wurde, war ich mit der Kamera dabei. Mutter und Baby Tobias liessen sich nicht stören. Ein anderer Höhepunkt des Jahres war der Abstimmungskampf für den Ankauf von zwei Picasso-Gemälden und der darauf folgende Besuch beim Maler selber. «C'est ça, un petit Suisse», war sein Kommentar zu einer Foto von Baby Tobias.

1968 Für die ‹National-Zeitung› konnte ich im Mai an einer Pressereise nach Algerien und Tunesien teilnehmen. Einer der Mitreisenden war Franzose, Redakteur einer welschen Tageszeitung. Wir beide versuchten Tag für Tag, uns über die Ereignisse in Paris zu informieren, doch die Medien in Nordafrika unterliessen jegliche Berichterstattung über dieses Thema. So ‹verpassten› wir die dramatischen Tage der Mai-Revolte, und ich fotografierte stattdessen Touristen am Strand von Hammamet.

1969 In Nigeria herrschte Bürgerkrieg, in Biafra hungerte die Bevölkerung. Der Westen versuchte die Not zu lindern. Lebensmittel wurden in der Nacht dorthin eingeflogen, und in einem solchen Flugzeug kam auch eine Schweizer Journalistengruppe ins belagerte Land. Herbert Tauber von der ‹Tat› und ich für die ‹National-Zeitung› arbeiteten als Team. In den beiden Zeitungen erschien eine ausführliche Artikelserie, und mit meinen Fotos wurde zusätzlich eine Ausstellung zusammengestellt, die in Zürich und Basel gezeigt wurde. Das Bild zeigt biafranische Buben, die Krieg spielen.

1970 In Basel fand zum ersten Mal die Kunstmesse ‹ART› statt, ein Ereignis, das ich mit meiner Kamera sorgfältig zu dokumentieren versuchte. Nur noch selten verwendete ich das Mittelformat 6/6 cm. Da das Filmmaterial qualitativ viel besser geworden war, gab es kein Argument mehr gegen das Kleinbildformat. Meine Lieblingskamera war damals die Nikon F. Wie man auf dem Bild sieht, setzte die Galerie Beyeler schon an der ersten ‹ART›, die inzwischen ‹Art Basel› heisst, hohe Massstäbe.

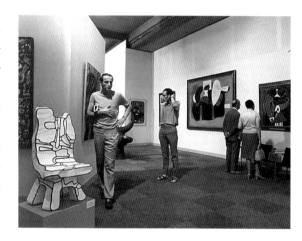

1971 Am Barfüsserplatz laufen drei junge Architekten aus Wien in einer PVC-Kugel auf dem Trottoir. Mit seinem Happening will das Team, das sich ‹Coop Himmelblau› nennt, der Stadtbevölkerung vor Augen führen, wie sehr isoliert und allein sie in einer verschmutzten Umwelt lebt.

1972 Die Zusammenarbeit mit der Zeitung ‹Die Tat› wurde für eine Reise in das kriegsversehrte Bangladesh, noch vor kurzem Ostpakistan, wieder aufgenommen. Mit dem Journalisten Ulrich Doerfel begleitete ich Hilfsgüter von Zürich über Bombay und Calcutta nach Dacca. Auch da gab es viel Elend, besonders unter den Flüchtlingen. Im Unterschied zu Biafra war jedoch ein unabhängiger Staat entstanden: ‹Joy Bangla!› schrieen die siegreichen Mukti Bahini, die wir in einem Militärlager besuchten.

1973 In der Schweiz wurden neue Formen des Zusammenlebens erprobt. Über die neu entstandenen Kommunen gab die ‹National-Zeitung› nach der eigentlichen Artikelserie eine Broschüre heraus, für die ich die Bilder beisteuerte. Als diese Publikation erschien, existierte keine der in Text und Bild dargestellten Kommunen mehr!

1974 ‹Girls› zeigt ein fotorealistisches Gemälde von John Kacere und im Vordergrund unsere Tochter Sara beim Spielen mit dem Puppenwagen. Viele Jahre später gewann diese Aufnahme einen 3. Preis beim internationalen Fotowettbewerb von Nikon. Die Jury hatte nicht weniger als 45 000 (!) Fotos zu bewerten. 1974 wurde bei der ‹National-Zeitung› im Zuge einer Reorganisation die Bildredaktion aufgehoben. Als «Redaktor ad personam» und vor allem als Fotograf arbeitete ich künftig bei der neu geschaffenen ‹Basler Zeitung›.

1975 Den stetigen Wandel der Fasnacht und damit ihre Lebendigkeit zu dokumentieren, war mir immer besonders wichtig. Hier ging es um ein Sujet, das lange tabu gewesen war: den Tod. Eine kleine Clique inszenierte einen Totentanz vor der St. Alban-Kirche.

1976 Fred Spillmann war ein guter Freund der Familie. An seinen legendären Modeschauen durfte ich nicht nur fotografieren, sondern auch noch Gattin und Tochter mitnehmen. Er war ein wunderbarer Gastgeber und grossartiger Erzähler, und zudem war er ein grossartiger Selbstdarsteller, der sich – wie hier – lustvoll in Szene setzte. 1976 erschien auch das Buch ‹Nachdenken mit und über Friedrich Dürrenmatt› von Dieter Fringeli mit meinen Fotografien.

1977 Für die ‹Coop-Patenschaft›, eine Hilfsorganisation für Bergbauern, fotografierte ich regelmässig. Die Reportagen erschienen in der ‹Coop Presse› und in Broschüren. Die Bilder und die entsprechenden Texte sollten Spenden fliessen lassen, und ich nehme an, dass sie das auch getan haben. Wir legten Wert darauf, nicht auf die Tränendrüsen zu drücken und möglichst sachlich zu berichten. Im Laufe der Jahre entstand so eine Fotodokumentation über das Leben unserer Bergbauern, die in der Basler Fotogalerie von Anita Neugebauer gezeigt wurde.

1978 An den Coop-Sporttagen im August 1978 sah ich zum ersten Mal Fussballerinnen in Aktion. Modisch hervorragend war das Mannschafts-Tenu. Trotzdem war der Zuschauerandrang gering: Im Hintergrund schaut nur ein einzelner Mann den kickenden Damen zu. In diesem Jahr erschien das Buch ‹Haltla – Basel und seine Autoren› mit meinen Schriftstellerporträts.

1979 Mit einem deutschen Journalisten besuchte ich in Birsfelden Otto Frank, den Vater von Anne Frank. Ich hatte keine Ahnung gehabt, dass er in unserer Region lebte. Das Interview war etwas vom Berührendsten, das ich erlebt habe. Eigenartig war, wie unwichtig der Interviewte und wie wichtig der Journalist die Tatsache fand, dass der ehemalige KZ-Insasse von Auschwitz während des Ersten Weltkriegs Offizier des deutschen Heeres gewesen war. 1979 hatte ich auch meine erste Einzelausstellung in einer Kunstgalerie – bei Marcel Liatowitsch.

1980 Der Fotograf Jakob Tuggener aus Zürich ist für mich so etwas wie ein Vorbild. Er war gelernter Maschinenzeichner und wurde 1932 freier Industriefotograf. Er fotografierte in Oerlikon die Arbeiter, in Basel die Rheinschiffer und in St. Moritz die High Society. Von ihm stammten die Fotos in der Ausstellung ‹Unser Weg zum Meer› im Basler Rheinhafen. Als es galt, diese Ausstellung zu erneuern, beauftragte mich der Grafiker Rolf Rappaz mit dem Fototeil. Dieses Bild des tauwerfenden Schiffsjungen entstand für diese Ausstellung

1981 Norbert P. Engel, ein deutscher Jurist, der Journalist geworden war und in Strassburg lebte, gründete ‹TRIO – das Rheinische Magazin›. Nachdem ich für ihn einige Reportagen zu Basler Themen ausgeführt hatte, realisierten wir zusammen eine Broschüre für den Europarat. Das Projekt wurde zu einem Erfolg. Das Europäische Parlament bestellte für sich ebenfalls eine Broschüre, und später kam noch eine weitere über das Europäische Handwerkerzentrum in Venedig dazu.

1982 Rainer Offergeld, den damaligen deutschen Bundesminister für Technische Zusammenarbeit, fotografierte ich für eine deutsche Zeitschrift, die wissen wollte, welches Auto die Minister fuhren. Bei ihm war's ein VW. Bei diesem Kontakt blieb es nicht. 1981 konnte ich den Minister auf eine Dienstreise in den Niger und 1982 nach Nicaragua begleiten. Das Bild zeigt die durch ein Erdbeben beschädigte Kathedrale von Managua mit einem Porträt von General Augusto Cesar Sandino – dem Rebellengeneral, auf den sich die ‹Frente Sandinista› bezieht.

1983 Dieses Bild, aufgenommen in einem abgelegenen, nur nach längerem Fussmarsch oder mit einer sehr primitiven Seilbahn erreichbaren Rustico im Onsernonetal im Tessin, entstand für die Berghilfeorganisation ‹Coop Patenschaft›. Die dort ansässige Familie lebte weitgehend als Selbstversorger. Solche Bilder bei vorhandenem Licht zu realisieren und damit die Atmosphäre unverfälscht wiederzugeben, gehört zu meinem fotografischen Stil. 1983 bestritt ich die Eröffnungsausstellung der Fotogalerie im Basler Gewerbemuseum.

1984 Für die 15. ‹ART› wurden Graffiti-Künstler aus New York eingeflogen, und Basler Künstler schufen Graffiti-Mode mit besprayten Kleidern. Der Sprayer Harald Naegeli, dessen gesetzeswidrige Werke ich für den ‹Spiegel› fotografiert hatte, sass derweil in Zürich im Gefängnis …

1985 Im Oktober 1985 erfolgte eine Teil-Wiedereröffnung des Basler Völkerkundemuseums. Zu diesem Anlass waren Aboriginals aus Westaustralien eingeladen worden. In der Aula an der Augustinergasse zeigten sie ihr Brauchtum und ihre Tänze. Dieser Mann unter dem Gemälde von Leonhard Euler wartet auf seinen Auftritt. Kulturschock oder (für uns Europäer) Kulturschick?

1986 Kinderführung im Kunstmuseum Basel. Schön, wenn ein Museum den Kindern einen Einstieg in die Welt der Kunst bietet. Und die Kinder? Sind sie gelangweilt und möchten sie lieber spielen? Wie das Bild beweist, ist Kunst bei richtiger Vermittlung für alle, auch die Kleinsten, interessant.

1987 Nicole Niquille aus Charmey im Kanton Fribourg war die erste weibliche Bergführerin der Schweiz. Joachim Hoelzgen vom Nachrichtenmagazin ‹Spiegel› engagierte sie, nicht für eine Bergtour, sondern für ein dreitägiges Interview. Ich wurde aufgefordert, die beiden zu begleiten und die Fotos zum Bericht beizusteuern. Es ist erstaunlich, wie gründlich man einen Menschen bei einer solchen Gelegenheit kennenlernt und wie besonnene Männer, wie es Bergführer sind, reagieren können, wenn sie ihren Männerberuf bedroht sehen.

1988 Ein Pressefotograf hat ein sehr reiches Leben. Er steckt seine Nase in die verschiedensten Angelegenheiten und immer hat er das Erlebte in aussagekräftige Bilder umzusetzen, und das auch dann, wenn das Darzustellende nicht in sein eigentliches Fachgebiet fällt. Für mich war immer klar: Es gibt keine undankbaren Aufträge, es lässt sich aus allem etwas machen, zum Beispiel auch aus einer Modeschau.

1989 12. November 1989, das Resultat der Laufental-Abstimmung ist soeben mitgeteilt worden: Mit einer knappen Mehrheit von 309 Stimmenden haben sich die Bürgerinnen und Bürger für einen Wechsel zum Kanton Basel-Landschaft ausgesprochen. In Laufen jubeln die Sieger. Die Gesichter der Bern-Treuen habe ich ebenfalls fotografiert, aber diese Bilder zeige ich hier nicht.

1990 Für die ‹New York Times› realisierte ich regelmässig Reportagen zu touristischen Themen, vor allem in der Schweiz, aber auch in der Türkei und in Spanien. Dieses Bild gehört zu einem Porträt von San Sebastian, das dann in der Wochenendbeilage der ‹New York Times› erschien. In San Sebastian wurde zwar mein Auto aufgebrochen und ein grosser Teil meiner Fotoausrüstung gestohlen, aber im Restaurant Arzak genoss ich das wahrscheinlich beste Essen meines Lebens.

1991 Als in der Schweiz das Katastrophenhilfskorps gegründet wurde, meldete ich mich als Freiwilliger, doch während Jahrzehnten blieb ich eine Karteileiche. Mein erster Einsatz war im Dezember 1990 das Begleiten eines Konvois von Lastwagen mit Milchpulver und Babynahrung nach Moskau. Bei meinem zweiten Einsatz dokumentierte ich ein SKH-Projekt auf den Philippinen, wo nach einer Erdbebenkatastrophe einsturzsichere Schulhäuser gebaut wurden. Den Schülerinnen und Schülern machte mein Besuch sichtlich Spass.

1992 ‹James Joyce in Zürich› war ein Thema, das ich für die ‹New York Times› bearbeitete. Da gab es einiges zu fotografieren, von den verschiedenen Wohnungen über die vom Dichter besuchten Restaurants, von der James Joyce Stiftung bis zum Ehrengrab auf dem Friedhof Fluntern. Die Hände, die den Ulysses in der Bibliothek des James Joyce-Archives halten, sind meine eigenen.

1993 Auf dem Kasernenareal in Basel ruft bei Sonnenuntergang der Muezzin die gläubigen Moslems zum Gebet. Das Zelt im Hintergrund gehört zum Theaterfestival ‹Welt in Basel›. Diese Aufnahme ist Teil einer ohne Auftrag ausgeführten Reportage über Leben in der Moschee. Mit meinen Bildern will ich gerade dann informieren, wenn uns etwas fremd und unvertraut vorkommt. Der Kunstkredit des Kantons Basel-Stadt hat diese Fotografie dann angekauft.

1994 Wann immer möglich, versuche ich meine ‹Fotomodelle› in der ihnen vertrauten Umgebung aufzusuchen und sie im Gespräch ein wenig kennenzulernen, bevor ich überhaupt meine Kamera auspacke. Ziel dieses Vorgehens ist es, ein möglichst lebendiges und wahrheitsgetreues Bild aufzunehmen. Beim Nobelpreisträger und emeritierten Professor Tadeus Reichstein ist mir dies – so glaube ich jedenfalls – gelungen.

1995 ‹Dienstagbilder› nannte ich eine Fotochronik über eine Mauer am Nadelberg, die am Dienstag, den 25. Oktober 1994 frisch gestrichen worden war. Von diesem Datum an fotografierte ich die Mauer jeden Dienstag und registrierte die Veränderungen. Am Dienstag, den 16. April 1996 war das Projekt beendet: Die Mauer erhielt wieder einen neuen Anstrich. Die Fotoserie konnte ich dann für einige Zeit auf der betreffenden Mauer ausstellen.

1996 Ich wurde in diesem Jahr sechzig Jahre alt. ‹Klassiker› lautete der Titel meiner Ausstellung in der Fotogalerie von Anita Neugebauer. Das Arbeitsumfeld hat sich im Verlauf der Zeit geändert, die Illustrierten meiner ersten Arbeitsjahre sind verschwunden. Die Tageszeitungen sind dafür reich bebildert, keine ‹Bleiwüsten› mehr. Andere Medien mit Illustrationen sind entstanden, wie zum Beispiel Jahresberichte. Aus demjenigen der Universität Basel stammt mein Bild. Ich mag es sehr, eine Institution wie die Uni in Fotografien darzustellen.

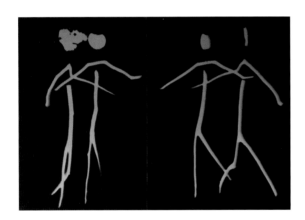

1997 Als Dominique Thommy mir eine Fotoausstellung im Hotel Teufelhof vorschlug, entstand die Idee, die Mobiles meiner Frau, Barbara Altrego, in Fotogrammen darzustellen. Fotogramme sind Fotografien, die ohne Kamera, nur durch den Schattenwurf auf dem Fotopapier entstehen. Die grosse Herausforderung war, den Schatten von etwas Dreidimensionalem, Bewegtem, im richtigen Moment einzufangen. Die beiden Fotogramme zeigen dasselbe Mobile.

1998 Die Werbung in den Zeitungen wurde immer farbiger und damit auch die Fotos im redaktionellen Teil. Diesem Trend hatte ich mich nicht entzogen, auch ich realisierte immer mehr Farbreportagen. Einen bewusst anderen Akzent setzte die Feuilletonredaktion der ‹Basler Zeitung›: Sie bestellte ausdrücklich Schwarzweiss-Aufnahmen, wie dieses Bild des an der Uni Basel als Gastprofessor tätigen Befreiungstheologen Leonardo Boff.

1999 Nach Beendigung des Krieges und der Besetzung des Kosovo durch die UNO-Truppen sandte mich das Schweizerische Korps für Humanitäre Hilfe als Pressesprecher der Schweizer Hilfsaktivitäten nach Pristina. Bei diesen Einsätzen stand das Fotografieren natürlich nicht im Vordergrund, war aber doch erwünscht. Das Bild zeigt demonstrierende Familienangehörige von während des Krieges nach Serbien verschleppten Geiseln. 1999 erschien auch mein Bildband ‹Die Sechziger – Bilder aus Basel›.

2000 Doppelbilder schaffen Lebendigkeit. Diese beiden Fotos von Christoph Marthaler entstanden bei seinem Auftritt als neuer Direktor des Schauspielhauses in Zürich. Veröffentlicht wurden sie bei Marthalers Rücktritt – mit der Bildlegende: ‹Augen auf, Klappe zu›. Im selben Jahr erschien das Büchlein ‹Trudl Bruckner› von Annemarie Monteil mit meinen Fotos.

2001 Während einer Peru-Reise fotografierte ich unter anderem den Präsidentschaftskandidaten Alejandro Toledo bei einer Wahlveranstaltung in einer Provinzstadt. Meist habe ich auf jener Reise farbig fotografiert, einerseits weil das Leben in Peru sehr farbig ist, aber auch weil für Publikationen eigentlich fast nur noch Farbfotografie erwünscht war.

2002 Bis zu dieser Abbildung handelte es sich bei sämtlichen Aufnahmen um Schwarzweiss-Fotografie. Das gilt hier nicht mehr. Die schwarze Schönheit vor den alten Fotos aus der Kolonialzeit ist ein schwarz/weiss gedrucktes Farbbild. Die Aufnahme entstand in einer Afrika-Ausstellung in der alten Basler Gewerbeschule auf der Lyss. In diesem Jahr zeigte die Galerie Stasia Hutter die Ausstellung ‹33 x Kunstmesse ART›.

2003 Ich war nun pensioniert. Meine Frau und ich suchten einen Wohnsitz im Süden. Da wir überzeugt waren, unser Traumhaus in Italien oder im Tessin zu finden, lernten wir in Rom Italienisch. Dort wurden wir Zeugen einer Riesendemonstration gegen den Irak-Krieg. 2003 fand auch die Ausstellung ‹Joseph Beuys in Basel› im Basler Museum für Gegenwartskunst mit meinen Fotos statt.

2004 Trotz Pensionierung fotografiere ich immer noch für die ‹Basler Zeitung› das Festival ‹les muséiques›. Zur Musik wird der optische Rahmen der Museen geboten; mein Bild entstand beim Einspielen in den Räumlichkeiten des Basler Kutschenmuseums.

2005 Unser Traumhaus am Neuenburgersee hatte nur drei Zimmer. Dank Umbau verfügen wir nun im Dachgeschoss zusätzlich über ein grosses und helles Atelier. Den Umbau dokumentierte ich mit meiner Digitalkamera.

2006 Anamorphe Figur von Evan Penny am Stand der New Yorker Gallerie Sperone Westwater. Wie schon 36 Male vorher, fotografierte ich an der 37. ‹Art Basel›. Das tat ich von mir aus, ganz frei, ohne Auftrag. Ich besitze zwar eine professionelle Digitalkamera, doch an der ‹Art› fotografierte ich immer noch analog und in schwarz/weiss nach alter Väter Sitte. Solange ich kann, werde ich diese faszinierende Kunstmesse weiterhin fotografisch begleiten und dafür sorgen, dass sich meine Dokumentation stilistisch aus einem Guss präsentiert.

2007 Selbstporträts habe ich eigentlich nie gemacht; hinter der Kamera fühle ich mich wohl, vor ihr hege ich ein schwer definierbares Unbehagen. (Ich hatte deshalb immer volles Verständnis für ‹fotoscheue› Menschen.) Dem Wunsch meiner Umgebung, diese Biografie mit einem gleich Anfang Januar aufgenommenen Selbstporträt abzuschliessen, habe ich mich nach einigem Widerstreben gefügt: Hier ist nun mein Spiegelbild, fotografiert am 3.1.2007 im gothischen Treppenturm meines Wohnhauses in Basel.